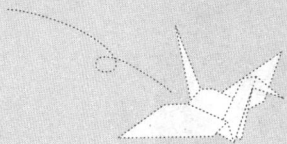

男人不说，女人不懂

He keeps **words**, she keeps **puzzle**

一个"帅性"男人告诉女人如何看穿男人心

▶ 曾子航 著

南海出版公司
2008·海口

Preface 自序

●●● 曾子航

在写作这本书的过程中，有朋友问我，你一直主持娱乐节目，写影视评论，为什么突然对两性情感问题产生了浓厚的兴趣，还洋洋洒洒地写起了情感类的小品文？

一开始我也觉得这是个问题。后来想想，其实这并不矛盾。记得一位文学家说过，文学即人学。一切的文学艺术作品都是抒写人性的，优秀的文艺作品无不把人性刻画得力透纸背，无不充满着撼人心魄的情感力量。影视剧看多了，渐渐对研究人性产生了兴趣。为什么大多数人都有两面性？为什么一对爱得天翻地覆的痴男怨女最终会迎来一个无言的结局？为什么面对一份情感，男人和女人的心理感受会大相径庭？起先我会从作品本身去分析，渐渐地，我的视野开阔了，思考深入了，加上这些年在社会上兜兜转转，情路上跌跌撞撞，身边的朋友也很多，他们有一些情感问题总是会忍不住找我倾诉。耳闻目睹多了，各种感想、感受、感慨便如杯里装满的水，不自觉地就要溢出来了。于是，这本书的写作也就水到渠成了。

这几年，国内探讨两性情感问题的作家不少，但唱主角的好像都是女作家。女作家很敏感、细腻，看问题常常入木三分，这点我很佩服。但女作家似乎都无一例外站在女同胞的角度来解读两性关系和婚姻问题，而基本上不分析男人的心理，不注重男人的感受。其实，站在女性角度本身没有问题，几千年来，中国女性一直受压迫受歧视，的确需要站在她们的立场替她们排忧解难。

但如果女作家总是一味地提醒姐妹们男人都不是"好东西"，要和他们斗争到底，要把他们打翻在地，恐怕就不利于问题的解决了。女权运动搞了半个世纪，妇女的地位确实大幅度提高了，但男女之间的战争依然硝烟弥漫，夫妻之间的矛盾，彼此之间的争吵与日俱增，离婚率更是水涨船高。很多"三高女性"（高学历、高收入、高素质）拒绝婚姻、拒绝男人之后并没有"一览众山小"，反倒是"高处不胜寒"了，看来一味地贬低男人、痛骂男人并非良策。这个世界，是由男女两种性别组成的，男人离不开女人，女人也离不开男人，男人需要保护女人呵护女人，女人同样需要了解男人理解男人，男女才会恋爱，才要结婚成为夫妻，但有时候你就发现，两个看似相亲相爱的人生活在一个屋檐下，同睡在一张床上，大半辈子过去了，多数情况下却你不了解我，我不理解你，男人和女人之间，永远竖着一道不可逾越的柏林墙。

虽说"男人不坏女人不爱"，但多数女人是很厌恶男人的花心风流薄情寡义的，她们很难理解，男人家里有了贤妻良母，为什么还要去外面"偷鸡摸狗"？为什么有了外遇还喜新不厌旧，不到万不得已不愿离婚？为什么男人自己四处留情，却最怕老婆给他戴绿帽？为什么到了21世纪的今天，很多中国男人内心深处还有根深蒂固的处女情结？为什

么一些事业有成的成熟男士喜欢娶年轻貌美的娇妻，毫无顾忌地啃起了"嫩草"？为什么一些"三高女性"地位显赫、事业风光却沦为了没男人疼没男人爱的"北大荒"？如果细究起来，这都涉及到男女两性心理感受的巨大差异。

过去，我们研究情感问题的女作家只是简简单单地把男人这些和女人心理不尽相同的地方斥之为男人的"自私""下流"或"卑鄙龌龊"，而今我站在一个男性的角度（因为我首先是个男人），凭着自己对两性心理的透彻了解，我可以负责任地对女同胞们说：男人不仅在生理结构方面和女人迥然不同，在性感受、情爱心理方面同样大相径庭。

就拿恋爱来说，男人恋爱时用眼，最易受美貌的迷惑；女人恋爱时用心，最易受伤心的折磨。在恋爱时，男人喜欢夸耀他的勇敢追求，女人喜欢夸耀她的理智回绝；男人恋爱喜欢放出诱饵垂钓爱情，女人恋爱喜欢不惜血本守望爱情；对女人来说，一辈子听不烦的话是我爱你，对男人来说，一辈子想不尽的事却是我爱谁。面对婚姻，男人通常将之当作爱情的终点，女人却看成爱情的又一个新起点。所以，在婚恋问题上女人似乎更爱相依相伴，男人却更爱天马行空。

我只是粗粗总结了这几条，你就能看出男女之间的心理差异有多大，就像东西方的文化差异、经济差距一样实实在在。不承认这种差距，男女之间要想达到真正的和谐共处恐怕很难。相对于中国这样一个有着五千年文明的古老国度来说，传统文化的影响，尤其是男尊女卑的社会观念所形成的历史积淀不容忽视。所以在这本书里，各位读者会经常看到我从古代人扯起，因为当今很多情爱纠葛都得首先从历史问题入手，这有点像过去那个特殊的年代，调查一个人首先要从祖宗八代查起

一样，要追本溯源。中国人的传统心理定势一直是根深蒂固的，包括时下流行的"姐弟恋""男色""中性现象""老牛吃嫩草"并非横空出世，实际上都可以从浩瀚的中国历史长河中找到发源地。

所以，在本书的创作中，我尝试了一种新的写作模式，对一些两性情感热门话题不仅仅就事论事，而是声东击西，旁征博引，纵横捭阖，上下五千年，海底两万里，把两性情爱分析和时尚语素、中国传统的文化心理结合在了一起，甚至古典诗词、电影评论以及流行的俏皮话、手机段子也纳入其中，希望能给传统的情感类文章的写作开出一条新路。但这只是一种尝试，中心仍是希望站在一个男性的角度告诉女人如何看穿男人心、读懂男人心，缓解男女之间剪不断理还乱的矛盾冲突。至于效果如何，还是请亲爱的读者朋友们来评判吧！

男人不说，女人不懂
He keeps **words**, she keeps **puzzle**

Contents 目录

Chapter ① 爱情是什么 Love means what? ⋯⋯016

白马王子总是爱上灰姑娘；淑女偏要死心塌地跟着强盗跑⋯⋯

Chapter ❷ 男人这东西 *man, playboy* ……060

和女人相比，这地球上的另一半人群，是一种让人捉摸不定的动物。

Chapter ❸ 今天你要嫁给谁 Ideal marriage? ……108

男人跟股票一样，也分几种，有的是绩优股，有的是潜力股，

还有的则是垃圾股。

Chapter ④ 围城内的潜规则 *marriage, prison* ……146

太太应该向监狱长学习，适当地给男人放放风，呼吸新鲜的空气。

Chapter ⑤ 色 戒 *Letch caution* ······180

痴情女子的爱有如一面"照妖镜"，照出了一部分男人的自私和怯懦。

Chapter ❻ 剩女成精 *Marriage leaves iron woman* ······210

明明是冰清玉洁的"圣女"，
却沦为了没人疼也没人爱更没人可嫁的"剩女"！

Contents 目录

Chapter 1

爱情是什么

Love means what?

白马王子总是爱上灰姑娘；

淑女偏要死心塌地跟着强盗跑；

循规蹈矩的总会被放荡不羁的吸引；

脑满肠肥的一见如花似玉的就两眼放光；

个儿矮的总喜欢个儿高的，

胖的喜欢瘦的；

没钱的喜欢有钱的……

从上帝造人的那一天开始，

就注定了人不是十全十美的，

他总要寻找生命中缺失的"另一半"。

爱情是天下最没道理可讲的。

爱情是什么

记得那还是上小学的时候，看过一部由上海电影制片厂拍摄的喜剧片《爱情啊，你姓什么》，这部几乎云集了当时上影厂老中青三代一线二线演员的影片，去看的时候兴高采烈，看完以后却怅然若失。为啥？影片中祖国的大好河山令人心旷神怡，俊男靓女让人赏心悦目，但到底爱情姓什么，我还是没整明白，可能那个时候我还小吧。不过现在我早已是个成年人了，想起这部电影，估计不光是我，连导演、演员也稀里糊涂的。是啊，爱情到底姓什么？从文学、戏剧到电影、音乐，从莎士比亚、歌德到琼瑶、村上春树，我们一辈子都在找寻这个答案，也许一辈子都遍寻不获吧。

我知道这是永远不会有正确答案的一道题。但我还是会想——

爱情是什么？元稹会愁肠百结地对你说："曾经沧海难为水，除却巫山不是云。"柳永会泪眼婆娑地喃喃自语："衣带渐宽终不悔，为伊消得人憔悴。"

爱情是什么？唐明皇会用"春宵苦短日竿长，从此君王不早朝"的实际行动来回答你；英国的温莎公爵则会用抛弃江山丢下王位的惊天之举来感动你。

　　爱情是什么？张晓风会告诉你：爱情常是一串奇怪的矛盾。当你爱上一个人，你会依他如父，却又怜他如子；尊他如兄，又复宠他如弟；想师于他，跟他学，却又想教导他，把他俘虏成自己的徒弟；亲他如友，又复气他如仇；希望成为他的女皇，他唯一的女主人，却又甘心做他的小丫环、小女奴。

　　爱情是什么？张小娴会告诉你：两个不相信婚姻的人走在一起，后来，他们结婚了。两个各自拥有一个梦想的人走在一起，然后发现，两个梦想可以变成一个。

　　爱情是什么？是《魂断蓝桥》里那个痴情的英国军官罗依对过早死去的初恋情人玛拉始终念念不忘，把余生都放逐在对这段凄美绝伦的爱情无尽的追忆之中？是《卡萨布兰卡》中那个深沉果敢的中年男人里克在民族大义面前抛下个人恩怨，把旧情人和她的丈夫从纳粹的魔掌底下救出来送上飞机，而自己只是形单影只地站在机场上深情目送？

　　爱情是什么？一部同名韩剧会用一百多集的家长里短来婆婆妈妈絮絮叨叨，只为求得一个理想的答案。

　　爱情是什么？大概只能用古龙那句话来回答：爱情是天下最没道理可讲的。

　　爱情是什么？我不知道，因为我无法解释生活在巴黎圣母院里的钟楼怪人卡西摩多怎么会在看到自己心爱的埃斯梅拉达无助地死

去以后也不顾一切地以身殉情，我也无法说清断背山上的两个牛仔男人怎会爱得那样惊世骇俗惊心动魄。

爱情是什么？是藏在你我心中一个永远的问号，一个也许终生都无法解答的哥德巴赫猜想。

初恋是一部
难忘的老电影

人世间，有一种爱，洁白如雪，不容亵渎，只有一次；有一种情，朦胧而羞涩，神秘而激动，仅此一回。那就是初恋。

"初恋"，一个多么温馨、甜美而又略带伤感的字眼。可以说，我们所有青春的梦想，所有年少的痴狂，所有情爱的萌动，全都浓缩在里面，欲言又止，欲说还休……

初恋是一所住过的老房子，是一张泛黄的老照片，是一首熟悉的老情歌，是一部难忘的老电影，虽然年代有些久远，但却历久弥新，永世不忘。初恋情怀总是诗，那纯纯的爱虽然大多数"无疾而终"，但却因它情如白雪，从未染尘，反倒成了很多有情人心中永不消逝的一道美丽的彩虹。

"哦……第一次我说爱你的时候，呼吸难过心不停地颤抖；哦……第一次我牵起你的双手，失去方向不知该往哪儿走，那是一起相爱的理由，那是一起厮守；哦……第一次吻你深深的酒窝，想要清醒却冲昏了头；哦……第一次你躺在我的胸口，二十四小时没有分开过，那是第一次知道天长地久……"

第一次心动、第一次爱恋、第一次告白、第一次亲吻，在光良那动情的歌声中，如晨曦带露的玫瑰、夜晚划过的流星，既是那么的甜蜜浪漫，又是那么的激动莫名。

然而，面对初恋，我们常常束手无策。它有时候像一片云，来无踪去无影；有时候像一阵雨，来得快去得也快；有时候还像一个淘气的孩子，让你欢喜让你忧。

初恋，我们不懂爱情。正因为不懂，才像手中的沙，握不住，易流失；正因为易流失，我们才觉得它非常珍贵，也特别难忘，就像胸口永不褪色的那颗朱砂痣。

看过根据日本作家川端康成的经典名著《伊豆的舞女》改编的同名电影吧？这大概是我在电影中看到的最为干净剔透的初恋情怀了，像杯中轻缓浮沉的茶叶，又像山谷里晶莹欲滴的露珠。影片的现实时空——一个大学教授面容衰老满头银发，早已步入人生的夕阳阶段，画面一片灰白，然而他的初恋却春意盎然，使得影片的过去时空呈现出蓬勃向上的青绿色调。在那样一个山色空蒙的季节里，"我"——一个就读于高三的英俊少年郎，独自去山水如画的伊豆岛旅行，途中和一名清秀娇美的舞女不期而遇，结伴同行之余，两人间朦胧的情感好似春天的幼苗在悄悄地滋长，没有花前月下，没有海誓山盟，蓦然回首之间，是若有似无的情愫，眼波流转之下，是青涩忧郁的少年情怀。

著名影星吉永小百合扮演的舞女阿薰羞涩妩媚，她清丽的面庞，如含羞草般楚楚动人的笑容，以及最后与心上人挥手作别时愁锁蛾眉的忧伤，使这段"纤云弄巧、飞星传恨"式的初恋情感成为了影史上一出百转千回的爱情绝唱。

始终忘不了电影结尾男女主角黯然分别的那一幕："我"登船辞行，淡妆素裹的阿薰手摇彩帕，泪眼婆娑地奔向码头长堤，"我"双手成筒，望洋长呼，无奈汽笛一声肠已断，从此天涯孤旅……

或许，在那位老态龙钟的大学教授心中，年轻时代和舞女阿薰这段短暂的相逢早已变成了一部难忘的老电影，珍藏在他心中某个不为人知的角落，一旦感时伤怀，记忆的胶片就会徐徐展开，画面中那个永远甜美娇小的女孩子便会化作一只美丽的萤火虫，从他日渐干涸的心田飞过；或许，那份纯真的感情早已成为往事，而她也未必是他今生最爱的那一个人，但无论是谁，想必都无法忘怀那人生的第一次，某一时刻莫名的心动……

茫茫银海里，那些关于初恋的或忧伤惆怅或浪漫温馨的爱情故事，如夜空中粲然绽放的绚烂烟花。每一朵，都诉说着我们似曾相识的悠悠过往；每一瓣，都在追忆我们共同有过的似水年华。

一直很喜欢法国女作家杜拉斯，晚年她获龚古尔文学奖的中篇小说《情人》也是一部关于初恋的难忘的老电影：一个十五岁的法国小女孩，在一个遥远的东方国度，把初恋疯狂地献给了一个比她大很多的中国情人。一年后，小女孩踏上回家的路，这段异国恋戛然而止。从此，十五岁就开始苍老的人生与她如影相随，不知过了多少年，当她昔日娟秀纤细的面庞变得"备受摧残"，她依然走不出那段初恋为她铸造的时空隧道——小说结尾，那个初恋情人和他后来娶的中国太太来到巴黎并给她打了电话。他对她说，和过去一样他还爱着她，他根本不能不爱她，他将爱她一直到死……

男人和女人，谁更难忘初恋？有人说是女人，也有人说是男人，似乎并无一定之规。但我知道，生活越不如意婚姻越不美满的人往往对初恋越是没齿难忘，就像《伊豆的舞女》开头那个形单影只的老教授，《情人》里那个美丽面容已经被深深的干枯的皱纹撕扯得四分五裂的老太太（就是作者本人）。一个总是靠回忆来打发日子的人，他现实生活中的感情世界即使不是一片空白，也一定是处于盲点的状态。这其实跟欣赏电影是一个道理，如果市面上流行的新片无法打动你，一部怀旧的老电影就会时不时闪现出来，勾起你无限的惆怅。初恋，又何尝不是如此呢？

记得刚上中学那阵子，和班上很多男同学一样不喜欢上语文课，总觉得它刻板乏味，于是一到语文课就走神打盹。那个长得像旧式文人的中年语文老师似乎看出了我们的心思。有一回这个总是一脸严肃的老家伙难得开起了玩笑——为什么要学好语文，你们知道吗？最大的作用是写好情书，否则情书都写不好，你们将来还想不想谈恋爱？老师的一番妙论引得教室里一片笑声。我要感谢老师，现在我不仅会写情书了（我人生的第一封情书就是献给了我的初恋，可惜一直藏在抽屉的最隐秘处，从未寄出），而且我也从此爱上了文学，读大学选择了中文系，后来还做了记者当了主持人开了专栏出了书。现在想想，文学不也代表了我的初恋吗？

暗恋是一次心灵的暗访

泰戈尔曾经写下这样一句意味深长的诗：世界上最遥远的距离是我站在你面前，你却不知道我爱你。此时此刻，"我"是世界上最痛苦的人。因为这种感情名叫暗恋；因为这种感情是注定有花无果，注定有缘无分；因为在这个世界上有一种爱，一旦说出口就不再美丽了。暗恋者一般都有强烈的自尊，有深深的自卑，怕遭遇拒绝，怕受到伤害，怕一旦爱恋不成，连朋友都做不成了，如《巴黎圣母院》中那个外表丑陋内心纯善的钟楼怪人卡西摩多对美若天仙的埃斯梅拉达如醉如痴的迷恋，《大鼻子情圣》中那个脸上高耸着一个莫名其妙的大鼻子的骑士西哈诺对娇俏可人的小表妹刻骨铭心的单恋。

所以，暗恋就成了人世间最遥远最漫长的等待。不想让对方知道，也不想对世人公布，一个人就像吞食了一颗苦果一样默默地咀嚼，长久地回味。有时候，暗恋，是沐浴在朗朗的月光下思念一个永远遥不可及的人，是躲在树林里轻吟一个既熟悉而又陌生的名字，是站在流淌的小河边看着自己的倒影自怜自艾……

谁不曾有过那样一段令人怦然心动而又回味无穷的"暗恋史"呢？初中时，看琼瑶电影，我无怨无悔地恋上了银幕上那个清新飘逸的林青霞；上了高中，日本电影讲述那一段难忘的初恋情怀的《伊豆的舞女》，又让我不由自主地迷上了温柔妩媚的吉永小百合。暗恋通常是和年少时光的青涩和懵懂相伴相随的。年少时，我们有无尽的青春和情怀去享受一份暗恋。正如一个女作家所言：暗恋和暗疮，是同样的苦涩和卑微，满脸暗疮让我们自卑，而暗恋却让人在自卑之中获得快乐。

　　最近在主持情感节目时，我收到了一个高中女生发来的邮件。女孩子告诉我，两年来她一直在默默地暗恋她的高中语文老师。他高大英俊、幽默风趣又富有才气，她把他称之为徐志摩的重生、郭沫若的再现。她说只要他一走上讲台她马上目不转睛，他只要一开口她立刻心醉神迷，他只要转身走出教室她必定怅然若失。每晚的梦里都是他的影子，模糊而熟悉，以至于清晨醒来常常泪湿枕巾。在她的书桌、课本上到处是她用钢笔书写后又用涂改液反复涂改的他的名字，日记里也全是关于他的一切。她会因他的微笑而开心，因他的忧郁而难过，她已经深陷其中无法自拔。她认定这一生也许只能爱他一人了。但是，老师和学生之间巨大的鸿沟又一再提醒她，这份感情只能深深地埋藏在心中，让它悄悄地萌芽，慢慢地滋长。我问她何苦这样，她回信说，暗恋既是一份甜蜜的痛苦，也是一种温柔的折磨，更是刻骨铭心的享受。她会独自等待下去，不管明天，不要结果。

　　这大概就是纯粹的少女式的暗恋吧。有人调查，越是孤单内向的女孩，心中"灰姑娘"情结越重，越容易陷入暗恋的泥沼中。她

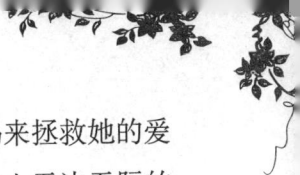

无时无刻不在盼望，有一天一个英俊的王子骑着白马来拯救她的爱情梦幻。因此，一旦有理想化的男人出现，她就会陷入无边无际的暗恋，日夜期待奇迹的发生，就像黑夜等待黎明，海浪重回沙滩。所以有人总结：暗恋者徘徊在虚拟的月光下，陶醉在想象的云彩里，痛苦着自己的痛苦，孤独着自己的孤独。只要对方稍作表示，她（他）就会忘乎所以，透支未来，像一个玩命的赌徒一样把自己的全副身心押上，哪怕赢得对方一点点的垂青也会狂喜不已。余光中的一首诗就把暗恋者此时此刻的心态刻画得淋漓尽致："昨夜你对我一笑，到如今余音袅袅，我化作一叶小舟，随音波上下飘摇。昨夜你对我一笑，酒窝里掀起狂涛，我化作一片落花，在涡里左右打绕。昨夜你对我一笑，我从此有了骄傲，打开记忆的匣子，守财奴似的，又数了一遍珍宝。"

在我看过的影片中，把暗恋这种少男少女所特有的情愫描写得刻骨铭心的，首推日本爱情电影中的经典之作——《情书》。

日本神户，纯情而又美丽的少女渡边博子在未婚夫藤井树三周年的祭日上又一次悲痛欲绝。由于抑制不住对爱人的怀念，博子在藤井树的中学同学录里找到了未婚夫当年在小樽市上中学时的地址。按照那个地址，博子给远在天国的他寄去了一封充满问候和思念的情书。不可思议的是，不久博子竟然收到了署名为"藤井树"的回信。原来，这个藤井树是个女孩子，巧的是她当年还是她未婚夫藤井树中学时代的同班同学，博子在同学录里误抄的是她的地址。为了进一步了解未婚夫中学时代的情况，博子和女藤井树一直保持着书信往来。而女藤井树在不断地回忆中，逐渐发现那个中学

时代和自己同名同姓的男孩子竟然一直在暗恋着自己，以至于长大以后找的女友博子还跟自己长得一模一样……

这部影片美得就像一幅水墨画，那白雪皑皑的莽莽远山，那漫天飞舞的片片樱花，都唤起了我的无限遐想。忘不了影片的最后一幕——男藤井树去世以后，一群学生来到女藤井树家，把当年他管她借的普鲁斯特那本《追忆似水年华》交给她。那时候她是学校的图书管理员。当她再次拿起那张写着"藤井树"的借书卡，在那群女学生的指引下翻到背面时，她惊呆了！那卡的背面，是他用铅笔精心勾勒出的一个少女的画像，再仔细一看，那个画像竟是自己！女藤井树忽然间明白了一切，她激动得眼泪顺着脸颊往下淌……犹记得坐在被黑暗包围的电影院中的我，眼睛也禁不住地湿润了起来。那一年，我26岁。

暗恋，就是通向你所爱的那个人的一次心灵暗访，虽然偷偷摸摸，但却惊心动魄，收获颇丰。

再见亦是朋友

在这个世界上，有很多问题是没有标准答案的，甚至会一直争论不休下去。比如说，男女之间究竟有没有真正的友谊？再比如，恋人分手了，夫妻离婚了，还能不能成为朋友？

对前一个问题，我一直无法参透其中的奥秘，所以三言两语也说不清楚，这里就暂且不表了。后一个问题，我无需深思熟虑，就可斩钉截铁地回答你：恋人分手也好，夫妻离婚也罢，有从此拜拜的，有形同陌路的，也有反目成仇的，当然也有成为朋友的。要不早些年有首男女对唱的粤语歌《再见亦是朋友》怎么在卡拉OK那么流行呢？既然流行就有市场，既然传唱就有道理，如果恋人分手就避之如蛇蝎，见之如仇人，那这歌岂不跟瘟神一样不招人喜欢？又怎么可能脍炙人口呢？

也许有人会说，爱情就像一把双刃剑，爱对方越深，伤自己越痛，一旦斩断情丝，就要学会及早抽身，否则伤口永远无法愈合。此时，连彼此之间的再见面都好似再揭伤疤，更何况成为朋友？

这话当然有一定的道理。但有时候我们也要学会换一种角度来思考。也许你会突然发现你跟他（她）做朋友要比做恋人更合适，来得更轻松，更长久，因为爱情就像水晶，太易碎，而朋友却像钻石，更坚固，也更具稳定性，更有安全感。

同样是分手十年的旧情人，前阵子因为一个馒头"蒙冤"的某大导演，就遭遇前妻雪上加霜的调侃。而另一位大导演和大明星，却能够大张旗鼓地再"牵手"，一部《满城尽带黄金甲》让两人喜笑颜开，友谊长存。

在妮可·基德曼夺得奥斯卡金像奖最佳女演员奖的当晚，身在新西兰拍戏的汤姆·克鲁斯立即打长途电话祝贺前妻，让妮可感动得泪眼涟涟。张曼玉凭《清洁》一片荣膺戛纳影后，在致辞中，她把最真诚的祝福送给了影片的导演——她的前夫阿萨亚斯。她说，是阿萨亚斯让她懂得了什么是真正的电影。此时，阿萨亚斯坐在台下百感交集，四周掌声雷动。

若干年前，有一部话剧风靡一时，后来还拍成了电影，叫《离婚了，就不要再来找我》。姑且不论它的剧情，光是片名我就很不喜欢。离婚了，怎么就不能再来找我了？就算做不了夫妻，也可以成朋友啊！再说了，离婚的夫妻复婚的都大有人在，凭什么就把继续沟通的那道大门给关上了？

大学时代很喜欢席慕蓉的诗，其中一首《无怨的青春》至今回味无穷：

在年青的时候，

如果你爱上了一个人，

请你一定要温柔地对待他，

不管你们相爱的时间有多长或多短。

若你们能始终温柔地相待，

那么所有的时刻都将是一种无瑕的美丽；

若不得不分离，

也要好好地说一声再见，

也要在心里存着感谢，

感谢他给了你一份记忆。

长大了之后，你才会知道，

在蓦然回首的一刹那，

没有怨恨的青春，才会了无遗憾，

如山岗上那轮静静的满月。

　　其实，所谓"再见亦是朋友"，不就是心底存着一份感谢吗？感谢她（他）带给你的一份回忆，一份曾经美好，至今想起来依然甜蜜的回忆。

爱的代价

"**许多**年之后，你在街上碰到你从前的男朋友，他看不见你，你好奇地看看他要到哪里去，结果，你发现原来他去嫖妓。那一刻，你会有什么感想？"

这段文字出自张小娴之手，标题是《猥琐的重逢》。文章叙述了她的朋友 G 的一段经历："十年前，她跟这个男人相恋。虽然大家一起只有几个月，分手之后，她却要用一年时间才能够复原。他给她的痛苦，她是没法忘记的。也是从那个时候开始，她才领悟到时间的长短跟痛苦的程度不一定是成正比的。"谁知，"十年后的一天晚上，她在湾仔重遇他，虽然只是远远看到他的侧脸和背影，但她已经把他认出来了。他跟几个男人一起走进一家俱乐部。她知道那是一家有女人陪酒的俱乐部，附近便有许多时钟别墅——暌违十年，重逢的一幕，竟然是让她看到他的猥琐……"

十年前，她爱他爱得痛彻心扉；十年后，她和他不期而遇，却看到了这个曾经让她肝肠寸断的白马王子如今"猥琐和丑陋"的一面。面对此情此景，一个女人会作何感想呢，是尴尬？是绝望？是

麻木？是心酸？是若无其事撇撇嘴发出轻蔑的一笑，还是跑到一个无人的角落大哭一场？为这个曾经心痛的男人，为那段无怨无悔的青春？

齐秦曾唱过一首《往事随风》。然而，当爱已成往事，记忆真的可以随风而逝吗？大学时代曾经读过美籍华裔女作家聂华苓的一部短篇小说——《珊珊，你在哪里》。一个名叫李鑫的中年男人乘车去看望十五年未见的初恋女友珊珊，一路飞逝而过的景物不时触动他温馨甜美的记忆。少女时代的珊珊，仿佛天国的光辉里走出来的小天使，和李鑫结伴去橘园偷橘子的情景，如同美丽缥缈的梦始终挥之不去。这位嫣然飘逸的少女，多少年来，一直被供奉在他心坛上最隐秘、最神圣的一角。然而，随着汽车即将到站，李鑫赫然发现伴随他记忆长达十五年的"美丽珊珊"，竟是同车那个挺着大肚腩、有着红头酒糟鼻，津津乐道于搓麻将的家庭妇女！昔日的珊珊一去不复返，当年的小天使早已在岁月的打磨下变成了俗不可耐的市井小民。面对青春的幻灭，纯情的消逝，作家不由地发出了一声叹息："珊珊，你在哪里？"

青春是一本太仓促的书，还来不及细细品读，就匆匆翻过。时间就像一道酷刑，将天底下无数男女折磨得死去活来，再英俊的少年，再如花的少女，一旦到了时间这个最残忍的老虎凳面前，没有几个能始终坚贞不屈，永葆青春飞扬的本色。所以昔日娇俏可人的初恋少女才会被大腹便便的中年胖妇所替代，曾经的白马王子才会堕落成寡廉鲜耻的"嫖客"——青春也好，初恋也罢，就像好莱坞

那位性感女神玛丽莲·梦露，尽管也曾闪亮一时，但消逝得很快，留下的只是无尽的思念和怅惘。

也许应学学张艾嘉，偶尔唱唱那首《爱的代价》，曾经心痛的记忆才会得到片刻的疗伤。

"也许我偶尔还是会想他，偶尔难免会惦记着他，就当他是个老朋友啊，也让我心疼也让我牵挂。只是我心中不再有火花，让往事都随风去吧，所有真心的痴心的话，仍在我心中，虽然已没有他。走吧走吧，人总要学着自己长大。走吧走吧，人生难免经历苦痛挣扎。也曾伤心流泪，也曾黯然心碎，这是爱的代价……"

然而，凡尘俗世中的"痴男怨女"们，你们又有几个能做到如此淡然和洒脱呢？还是张小娴说得好："有时，我们爱着的，不是现实里的那个人，而是回忆里的他。回忆里的情人，总比现实美好。我们留恋的是回忆里的人，即使那个人已经改变了。"

舍身炸碉堡的女人

前两天，一个很长时间没有联系的朋友突然打电话给我，说她最近为情所困，不知道如何是好。她告诉我，不久前爱上了一个男人，很疯狂，也很投入。这个男人家境不错，对她也很好，但她只是个外地来京打工的，男人的父母已经给他找了一个门当户对的女孩订婚了。他很孝顺，不愿违抗父母之命。她很爱这个男人，男人也很爱她，但这段感情注定是没有结果的。可她已经陷得很深，骑虎难下了，明明知道下面是深渊，她还要奋不顾身地往下跳。

我劝她放弃，她说已经晚了，她早就无法自拔了。放下电话，我的心中竟也平添了几分酸涩。都说男人是泥，女人是水，在男人这片沙滩面前，女人总是不由自主地变成一道势不可挡的巨浪，迫不及待地冲过来，哪怕最后粉身碎骨，也执迷不悔。

我想起了大学时代的一段往事。当时隔壁班有个女生，看上去温柔娴静，敏感内向，但就这么一个林黛玉型的弱女子，偏偏义无反顾地爱上了大专班一个蛮横霸道无赖成性的男生。后来那个男生因为打架斗殴被学校开除。很多人劝她跟这么一个"小流

氓"有什么前途可言，一刀两断算了，谁知她却一往无前。记得有一天我正好在学校里碰见她，就问起这事，女孩幽幽地说了一句："他被开除也好，找不到工作也罢，我都决定跟他。他对别人怎么样我不管，反正他对我好就足够了，我不想辜负他！"记得我当时站在那，呆呆地一句话也说不出……

在自己真心付出的男人面前，女人常常就像一个玩命的赌徒，恨不得把全部的身家性命搭上，哪怕最后血本无归，输个精光也在所不惜，任旁人怎么劝也无济于事。都说，士为知己者死，女为悦己者容。男人讲起义气来那是赴汤蹈火也在所不辞，面对来之不易的爱情，很多女人何尝不也是这样呢？甘愿飞蛾扑火，有种董存瑞舍身炸碉堡的大义凛然和视死如归。从这个意义上来看，女人岂止为悦己者容，还为悦己者狂，为悦己者疯呢！

可是，有些男人却是"不明飞行物"，你永远把握不住他的轨迹和方向！

在日本著名电影大师成濑巳喜男的不朽名片《浮云》中，女主人公雪子也是一个敢于"舍身炸碉堡"的痴情女。明明知道她所深爱着的富冈是个有妇之夫，明明知道对方是个冷漠、自私且到处拈花惹草的男人，她还是历经风霜痴心不改，甚至在被他抛弃以后，走投无路做了陪酒女郎，成了美国大兵手中的玩物，这个像小百合一样纯情的姑娘还幻想着有朝一日能够和对方鸳梦重温。苍天不负有心人，雪子的痴心最终感动了富冈，在一个人迹罕至的小岛上，两人患难与共，成了相守相依的终生伴侣。然而，此时的雪子却已心力交瘁，倒在了情人的怀中……

一朵风中的百合就这样枯萎了。

"春蚕到死丝方尽，蜡炬成灰泪始干"，古往今来，爱情路上的"董存瑞"又何止这些！

最近看了李安执导的影片《色戒》（根据张爱玲原著改编），又被一个"舍身炸碉堡"的女人所感动。

一群酷爱演戏的大学生出于民族大义去刺杀汉奸，貌美的王佳芝变身为麦太太，用美人计去色诱特务头子易先生。关键时刻，因为易先生送她的一颗金光闪闪的钻戒，王佳芝心头一软，放过了这个让她渐渐心动的男人。

也许，王佳芝不是一个合格的特工，但却是一个天生的演员。三年前，和流亡学生在舞台上出演的爱国剧，让她光芒四射；三年后，她依然舍不得"台上顾盼间光艳照人"的自己，重新投入这场惊心动魄的人生大戏。谁知戏假情真，她忘记了自己是王佳芝，却身不由己地当起了麦太太。她是又一个人戏不分的程蝶衣（陈凯歌电影《霸王别姬》中张国荣扮演的角色），台上情痴，台下迷乱，台上霸王别姬，台下姬别霸王。她沉迷在易先生情妇的光环中无法自拔，却不由自主地丢掉了她的另一个身份——特工。她猝不及防地成了易先生床上的战利品，也意乱情迷地被这个汉奸身上所偶尔流露出来的一点人性所打动。最后易先生毫不犹豫地杀了王佳芝，却坐在床上垂泪，缅怀麦太太。

为了爱，王佳芝甘愿"舍身炸碉堡"，可惜到最后碉堡完好无损，自己却成了牺牲品。但她无怨无悔。看她临死前那坦然的眼神，她似乎有种归去来兮的淡定，"生是他的人，死是他的鬼"！

从前很喜欢席慕蓉的一首诗，"你若是那含泪的射手，我就是那一只决心不再躲闪的白鸟，只等那羽箭破空而来，射入我早已碎裂的胸怀。你若是这世间唯一能伤我的射手，我就是你所有的青春岁月，所有不能忘的欢乐与悲愁。"

　　这些年看尽世事，终于明白，不是每一个射手在射杀猎物时都是"含泪"的。如果你遇到了一个非常"无情"的射手，那你是否还要傻傻地去做那只不再躲闪的白鸟呢？

不爱那么多，
只爱一点点

他笑起来眼睛特别迷人，很像她的偶像陈坤。就因为这个，她从渐渐喜欢上他，到最终疯狂地爱上了他。他爱喝粥，在家一直娇生惯养很少下厨的她就每天一大早起来给他熬粥喝，还变着法儿给他做各式各样的早点。他的工作是每天在商场站柜台，一站就是十个小时，她很心疼，专门跑到街边的洗浴中心去学习足底按摩。每次他下班回到两人同居的小窝，一盆热气腾腾的洗脚水就不由分说地端到了面前，随后，一双灵巧的小手就会在他疲倦到近乎麻木的脚上飞舞。每次按摩的时候，他都是一脸沉醉的表情，像喝了迷幻药一样。

然而，他最终还是离开了她。他对他身边的朋友说，她对他很好，但她的爱太疯狂，都快把他给"爱死了"！他想过正常人的生活，他不想拥有一份令人窒息的爱！

他叫阿峰，二十二岁，一个外形帅气的男孩子；她叫阿萍，比他足足大了七岁，而且还离过婚，独自带着一个五岁的女儿生活。两年前，他们相识后，她便沉沦爱情苦海无法自拔。

从外表看，阿萍的打扮很时髦，发型是时下80后小女生喜欢的蓬蓬松松的"狮子头"，红色紧身小夹克配上一条有些发白的牛仔裤，穿一双白色旅游鞋，给我的感觉就像一个刚从迪厅high完的"疯丫头"。谁能想到她已经是"奔三"的熟女了。

坐在我面前，被这份爱伤得体无完肤的阿萍声泪俱下。她说，虽然在遇到阿峰之前她也结过婚，有过三次恋爱经历，但都是过眼云烟，唯独在临近三十岁的时候，在一个比她足足小七岁的男孩子身上找到了一份浓浓的爱，一种类似初恋的感觉。这份爱，让她欣喜，也让她疯狂，更让她忘乎所以无法自拔。为了阿峰，她甚至连亲生女儿都扔给父母不闻不问，只因阿峰的一句话：我不喜欢孩子。为了和心爱的男友结婚，她不仅心甘情愿去堕胎，还两次跑到乡下，低声下气地求见未来的公婆，哪怕被对方拒之门外也在所不惜。最后，结婚成了泡影，她当着男友的面喝下了敌敌畏，只为证明自己的一片痴心！一周后，她出院了，他却头也不回地走了。如今，爱得满目疮痍的她只有一个请求：阿峰，你快回来，婚可以不结，孩子可以不要，但是请你不要不理我，因为我已经离不开你了！除非我死了……

阿萍的故事听得我很伤感。为了这份"迟来的爱"，她全情投入全心付出，甚至用肚里的孩子、用自己的生命作赌注，可惜对方年龄太小，难以承受，最终丢盔卸甲落荒而逃。阿萍爱得风起云涌、无怨无悔，没有错；阿峰爱得筋疲力尽以至退避三舍，也没有错。错就错在两人爱的步调不一致，爱的深浅不一样，一个是"死了都要爱"，一个是"只爱一点点"。在这里，我想劝阿萍一句：爱一个人就像熬一碗粥，要掌握好火候，否则一旦浓得化不开，不仅味道

尽失，很有可能这碗辛辛苦苦熬出来的粥会因难以下咽而被倒掉。

想当初，好莱坞大明星安吉丽娜·朱莉的初恋也是爱得天翻地覆死去活来的。为了把这份刻骨铭心的爱牢记在心，她和男友用互相文身来证明。他俩当时好到什么程度？据朱莉身边的好友形容，两人深情相拥的时候，一个人恨不得把另一个人一口吞下去！我以前只听说过当你恨一个人的时候想生吞活剥了对方，没想到爱一个人爱到极致也会有这种冲动！可结果呢？轰轰烈烈之后，熊熊燃烧的爱情之火很快灰飞烟灭。爱火熄灭的时候，朱莉形容枯槁遍体鳞伤，就像一朵被暴风雨摧残后的小花，孤单凋零。

爱一个人怎么会爱到尽头覆水难收？投入一段感情换来的为何却是累累伤痕痛不欲生？

这究竟是谁的错？

小时候不懂，长大了才渐渐明白。其实，培育一段感情就像培育一朵花，如果水浇得不够，花就会因缺少滋补而枯萎；但如果水浇得过多，花也会因吸收不了而打蔫。爱一个人要学会适可而止，要学会收放自如，不爱那么多，只爱一点点。就像李敖写的那句歌词：别人的爱情像海深，我的爱情浅。

爱情有时候也像开车，要学会一慢二看三通过，别老是一个劲儿踩油门。如果速度把握不好，就有撞车乃至翻车的危险，即便你中途恍然大悟来个急刹车，也会惊出一身冷汗。开车开到最后差点人仰马翻，又何必呢？

做男人的最后
一个女人

男人和女人，始终都是不一样的。

男人大都希望成为他所爱的女人的第一个男人，一旦如愿以偿，娶了个白璧无瑕的处女回家，就会心满意足。

那女人呢？女人是不是也很想成为她所爱的男人的第一个女人？

据说这种女人不太多。

除非第一个也是最后一个。但这种概率很低，就跟奢望中国足球队闯入世界杯总决赛一样机会渺茫。

有位被成功男人抛弃的糟糠之妻就告诉过我，做男人的第一个女人，真的很苦。男人的第一次，笨笨的，不懂得爱。那个时候，他还很穷，当他身边的第一个女人，还得和他一起苦捱。等他有钱有地位了，他却像换掉一件旧衣服一样换掉了你。最后的结果，往往是人财两空。

有人做过调查：有了初恋情人之后还得陇望蜀的，绝大多数是

男人。即使一对结发夫妻相濡以沫共度难关，最后苦尽甘来，首先背信弃义移情别恋的往往也是男人，因为男人永远是一种喜新厌旧的动物。所以男人生命中的第一个女人常常付出最多，却收获最少。想想唐明皇的第一个皇后王氏、蒋介石的原配夫人毛氏，再想想杨贵妃、宋美龄，谁吃亏谁占便宜？答案不言而喻。

男人嘛，总是免不了要辜负他生命中的第一个女人。在这种辜负中，男人学会了成长，也最终走向成熟。有时候，在一个男孩的青春岁月中，他最初所遇到的女孩往往成为了他最好的学校。在这所学校里，男孩学会了爱，知道了一种叫做初恋的滋味，也饱尝了失恋的酸楚，更懂得了坚强的含义。直到有一天，他毕业了，这所学校也就如同一道渐行渐远的风景，最终成为了他生命中的匆匆过客。而此时，这个青涩的男孩也逐渐长成了一个成熟的男人。

既然男人总有一天要成长要离开学校，女人为什么不能争取成为她所爱的男人的最后一个女人呢？只有成为他最后一个，她才可以永远地拥有他。就像一条大河，再怎么波涛汹涌湍流不息，有无数条暗流支流潜流交汇过来，也终有融入大海怀抱的那一刻。真正厉害的女人，不应该当它的发源地，而应该做它的入海口。那时候，百川归一，才是真正笑到了最后。

看过张艺谋的《大红灯笼高高挂》吧，里面巩俐扮演的小姑娘颂莲为什么刚进陈家大院的时候那么颐指气使不可一世？还不是因为她是陈老爷新娶的四姨太！就连一向专横跋扈的三姨太不也得给她三分薄面。可最后，她还是失宠了，因为陈老爷又喜新厌旧，娶了五姨太。在勾心斗角尔虞我诈的陈家大院，年轻气盛美貌如花的颂莲还是无法笑到最后，因为她没能成为陈老爷的最

男人不说，女人不懂

043

后一个女人。尽管她也机关算尽，但比起历史上的武则天、杨贵妃来，还是嫩了点。

武则天之所以能在唐高宗去世以后顺利登基，当上中国历史上唯一一个女皇帝，因为她是唐高宗最后一个皇后；杨贵妃之所以在马嵬坡自缢之后还能让唐明皇"魂牵梦萦，老泪纵横"，因为她也是他最后一个深爱的女人，有了她，才会"六宫粉黛无颜色，从此君王不早朝"，没了她，才会"天长地久有时尽，此恨绵绵无绝期"。可惜有些未谙世事的女孩却不懂这个道理。

前两天，一个要好的女孩子跟我在 QQ 上聊天。她告诉我，她要结婚了。我替她高兴，因为她找了一个事业有成的外企经理。但她开心之余也流露出了一丝遗憾。她说，这个男人什么都好，就是以前的情史太多，交过的女朋友得摊开两只手才数得过来。末了，她感叹了一句：这么优秀的男人，我要是他第一个女人该多好！

沉吟了许久，我在键盘上敲出了下面的几行字：

你应该庆幸，你没有成为他第一个女人，否则今天跟他结婚的肯定不会是你，你应该争取做他生命中的最后一个女人，如果你做到了这点，你将获得一生的幸福！到时候，你就会挺着胸膛骄傲地对世人说："我是他最后一个女人，他最爱的女人是我！"

从"小鸟依人"到"小狗挠人"

不知从什么时候开始，"姐弟恋"同"网恋"、"一夜情"、"男色"一样迅速蹿红，成了当下最时髦的流行词汇。每天翻开各大媒体的娱乐版面，映入眼帘的首先就是演艺圈的好男好女们瞬息万变的爱情风向标，其中"姐弟恋"更是炒得沸沸扬扬。跟张柏芝高调结婚之前，谢霆锋的各种绯闻对象尽管品貌不一，但清一色是姐弟恋，"锋菲恋"更是人所尽知。香港女星中那位长着大眼睛、瓜子脸，曾被无数男人视为梦中情人的大美人，早年曾热衷于"老少配"婚姻，年近四十岁时，忽然间也对姐弟恋心血来潮，爱不释手，身边走马灯似的绯闻男友不约而同全是弟弟型的。那位香港著名影后也是，早年交往的男友全是标准的稳重熟男，自从和法国导演离婚后，也开始对小男生发生了浓厚的兴趣，找的男友一个比一个小，最近和她出双入对的一个外国建筑师居然比她小整整七岁！内地影坛大姐大二十年前就是姐弟恋的亲身实践者，如今依然高举着姐弟恋的伟大旗帜一往无前。我估计除了她第一任丈夫（还年龄不详）外，她后面所有的老公、男友都得亲切地喊她一声"大姐"。

不光华语演艺圈的"姐姐弟弟"们爱得天翻地覆，欧美日韩的"老大姐"们也对俊俏风流的"小弟弟"们纷纷下手。在好莱坞，大概除了朱莉娅·罗伯茨外，黛米·摩尔、莎朗·斯通、麦当娜、卡梅隆·迪亚兹、哈里·贝瑞，几乎所有的"一姐"、"二姐"都无一例外地蹚进了"姐弟恋"这条时尚的爱河中。黛米·摩尔前不久还与相恋六年比她年轻整整十五岁的小帅哥阿什顿·库彻"拉埋天窗"，成为姐弟恋向婚姻模式转化的成功范例。继"老牛吃嫩草"、"美女配野兽"之后，"姐弟恋"无疑已成为21世纪娱乐圈最时髦的一种恋爱婚姻模式了。

如今，这种全球范围内的娱乐圈新气象也开始向普通的工薪阶层蔓延。近日，英国国家统计办公室公布了一项调查结果：如今英国姐弟恋的比例比25年前增长了一倍，越来越多的年轻男人愿意娶比他们大的老婆。英国《每日快报》最近称"女人本季最新的必备装备是拥有一个比你小的男人"。英国《每日电讯报》也认为："她们并不需要一个大腹便便的人为他们的晚餐埋单，她们也不需要和一个与她们年纪相仿的人过一个无聊而'负责任'的周末，她们更喜欢一个阳光男孩的嬉闹和玩笑。她们希望被认为依然独立而且依然性感。"美国的《魅力》杂志在相关文章里引用了纽约时尚专家马丽安·萨尔兹曼的话："如今和一个年轻男人约会是个热闹的恋爱趋势。"而美国版《ELLE》则用更诗意的语言来描绘这一现象："猎取一个年轻男人有点像在中午喝杯美妙的马丁尼。"在东方，原先最大男子主义的韩国，最近一项调查也显示，有近五成未婚女子选择比自己年龄小的男人为结婚对象。

在过去男尊女卑的时代，搞姐弟恋简直不敢想象。60岁的男人娶个20岁的老婆，似乎稀松平常；30岁的女人嫁个20岁的丈夫，那肯定就要天下哗然了。姐弟恋的流行实际上是近半个世纪来在全球风起云涌的女权运动的结果。既然男人的权威遭受了前所未有的挑战，既然女人可以独立自主、自强不息，那何必非要死乞白赖地依偎在男人的臂膀上生存呢？所以"大女子"喜欢"小男生"也就不难理解了。

"姐弟恋"的流行也可以从心理层面来分析：男人看似强大，实则内心脆弱。一个成熟强悍的大男人身上，同样也会残存小男孩的幼稚和顽皮。在不少太太的眼中，她的男人往往是丈夫、父亲、儿子多重身份的混合体。女人有时恰恰相反，柔弱的外表下有着一颗坚强的心，有时甚至能爆发出比男子汉大丈夫都要勇猛顽强的力量，比如日本的阿信、韩国的大长今，贤妻良母的包装下就有一种女强人的韧性。古今中外不少例子证明，女人虽然在体力、体能方面不如男人，但在耐力、忍受寂寞孤独等方面却明显胜过男人。所以我们就不难理解为什么寡妇会比鳏夫多，女人始终要比男人长寿的原因了。这显然也符合中国传统哲学"以柔克刚"的原理。何况中国自古还有以下说法呢：女大一，抱金鸡；女大三，抱金砖；女大五，赛老母；女大八，注定发；女大九，样样有。有人开玩笑说，"姐弟恋"的另一好处是，由于男人大多比女人早走几年，这样，大几岁的姐姐就少守了若干年寡。如果老天有眼，甚至会弥补多少世代以来夫妻之间的一个遗憾：我和你，不求同年同月同日生，但求同年同月同日死。

而性科学研究给予这种"女大男小"的婚姻或伴侣关系的稳定

性以更多的诠释。据一项关于离婚率的社会调查发现，夫妻离异原因竟有三分之二是与性失谐直接相关的！这说明性在婚姻家庭中占据着举足轻重的位置。从两性性生理发展的轨迹来看，一名男子性成熟的高峰在18～20岁左右，以后平稳发展，到40岁以后则逐渐呈下降趋势，而一位女性则往往要到35～40岁才能达到性成熟的高峰，很多女人要到50岁以后方显衰退趋势。因此一个30岁的男性与一位40岁的女性的结合，在性爱过程中堪称"梦幻组合"：一方如同涨满力量的征帆，一方则是能定乾坤的长篙，在狂风巨浪中感受"性"福之极致。

女人的一生可以分为两个阶段：三十岁之前的女人多数是"女儿性"占主导，这个年龄段的女人（实际上还是女孩）娇嫩、柔弱，对父亲对成熟的男人有一种天生的依赖感；三十岁以后的女人则随着适婚年龄的临近，母性的情怀开始发扬光大，这时候的女人开始懂得体贴和关爱他人，对孩子，对一切弱小的东西都会不自觉地散发出一种母性的光辉。"姐弟恋"流行某种程度上就是女人"母性大发"的结果。前不久看某选秀节目，我就明显注意到节目现场的熟女评委们，一个个打扮得珠光宝气，对舞台上的"男色"就像"赏花"一样评头论足，这不就是一种母性泛滥的表现吗？而男人也不是个个都想做顶天立地的大英雄的。尤其是随着男尊女卑的传统观念的淡化，越来越多的男人反而渴望被女人照顾和关爱。韩国某舞艺超群的人气偶像就喜欢"姐姐"的原因解释说："因为是多血质的性格，喜欢能够让人依靠的女性。"

我在想，既然女人可以"小鸟依人"，男人为什么不可以"小狗挠人"呢？

她爱上了像父亲
一样的老男人

都说中年男人是现钱，可以拿来就用；年轻男子是期货，保不齐哪天才升值。然而，当听一个豆蔻年华的女孩子诉说她无可救药地爱上了一个完全可以当自己父亲的老男人时，我还是有点惊诧莫名的感觉。

我应邀做客一档情感节目，就遭遇了这样一段爱情故事：25岁的小雨温柔大方，三年前自一所名牌大学毕业后，进入一间大型企业工作，虽然身边围着不少优秀的男孩子，可是小雨却偏偏爱上了一个不该爱的人，他就是年长小雨近一倍的单位同事老王。工作中的频繁接触和生活中的互相关照，让小雨和老王之间渐渐产生了不一样的感情。小雨觉得，他身上有一种很成熟、稳重的气质。跟他在一起，有一种被呵护、被疼爱的感觉。

两人在一次出差途中，小雨的水壶提手断了，断口非常锋利，一不小心就容易伤人。但出门在外，没有水壶又十分不便。老王看到后，不声不响地用小刀帮她把水壶断口一点一点磨平。看到这一幕，小雨心里非常感动。那一刻，她突然觉得老王很像自己的父亲……

然而，老王毕竟快五十了，离过婚，身边还带着一个年近二十的儿子，如何面对这份"不一样"的感情，小雨陷入了深深的矛盾和困惑之中。

在演播室现场，小雨告诉我们，从进入青春期的时候起，她的眼睛就从来没有停留在同年龄的男孩子身上。相反，却对老王这种成熟稳重型的男人情有独钟。高二那年，在父亲单位举办的运动会上，她认识了父亲的一位朋友———一个气质沉稳作风干练的"叔叔"。当时他正在参加射击比赛。在小雨眼中，这位"叔叔"举枪瞄准的动作潇洒大气，简直就是《上海滩》中许文强的翻版！这一场景如同一幕电影长久地定格在了年仅十六岁的小雨的脑海中。从那以后，小雨跟他一直保持着亦师亦友的关系，平常生活学习中有什么烦恼，她都第一时间想到他。在高考前，他帮小雨联系了补课老师，买到了紧缺的参考书。之后，小雨以优异的成绩考上了一所名牌大学。进入大学，他们依然保持着密切的书信往来，而且电话不断。渐渐地，小雨发现自己对他的感情起了变化，已经不像高中时把对方当作长辈，而是希望他能对自己像恋人般呵护。

小雨异常的"性取向"引起了现场嘉宾的浓厚兴趣。一位心理学家就问她，跟父亲的感情怎样？是不是从小缺少父爱？

心理学家的疑问也引发了小雨的无限感慨。小雨直言，自从上大学离开家以后，就很少跟父亲联系，工作也是在外地，一年难得回家一次。

　　小雨说，她的父亲是家里三代单传的独子，没有生个儿子是他和整个家族最大的遗憾。从小到大，父亲跟她都没有任何亲密的举动。有一件事小雨至今记忆犹新：七八岁那年，一家三口在公园里照"全家福"，轮到妈妈给小雨和爸爸照相了，妈妈说你快上去，亲你爸爸一口。当时小雨就冲上去，但当时爸爸的表情非常厌恶，此时，快门刚好按下去了。这张表情尴尬的照片后来就被小雨收藏在她的日记本里，心情不好的时候她都会拿出来细细端详，每次看到它，小雨都会有种想哭的冲动……

　　在家中，父亲就像座沉默的远山，令人敬畏，加上一天到晚很忙，总是不在家，渐渐地，小雨对自己亲生父亲的形象模糊了，淡漠了。然而另一方面，在她的内心深处，一个成熟稳重、温柔体贴的理想的父亲形象却又慢慢成型，并随着年龄的增长，日渐清晰起来。其实，每一个小女孩在成长的过程中都渴望父亲的保护，父亲的关爱。有时候父亲像一座山，有时候父亲也像一片海。弗洛伊德曾说过，父亲常常是女儿成长过程中的第一个情人（对儿子来说，母亲也是这样），这个"情人"常常给女儿以榜样，给女儿以力量。然而，当这个"情人"的位置长期空缺，孩子幼小的心灵就像提前断了奶一样感到不满足，长大以后她就要努力去弥补这方面的遗憾，正所谓缺什么补什么。

　　父爱缺失的女孩，常常会将对父亲的感情转移到现实中某个与父亲形象极其相似的男人身上，后者便不知不觉地成为父亲的替代

品，但他又不完全等同于父亲。在父亲的光环效应下，"他"被进一步神化了，成为无可替代完美无缺的"情圣"。这大概就是现实生活中，很多像小雨这样从小缺少父爱的女孩子总是情不自禁地爱上跟父亲一样沧桑的老男人的原因吧！

可问题是，男人再成熟再像"父亲"，他也有脆弱的一面，一旦哪天他无法很好地行使"父亲"的职责，这段"忘年恋"是不是也就走到了尽头？

爱情中的"补偿心理"

尽管童话故事中白雪公主总是会遇上白马王子，戏曲小说中的绝代佳人也会一心一意跟着风流才子，可在现实生活中，我们却常常看到这样奇特的组合：美女爱上了外表像野兽一样的男人，鲜花总是心甘情愿地插在了牛粪上，甚至连走起路来早已一瘸一拐的"老牛"也堂而皇之地吃起了"嫩草"……

难道那些美女、鲜花、嫩草都瞎了眼？

说穿了，这是爱情中的一种"补偿心理"在作祟。

从心理学角度来分析，大多数人都有一种"补偿心理"，也就是俗话说的缺什么找什么。所以个儿矮的总喜欢个儿高的，胖的喜欢找瘦的，没钱的向往有钱的，丑八怪偏偏爱美女，表现在古今中外一切文艺作品中，那就是白马王子总是爱上灰姑娘，淑女偏要死心塌地跟着强盗跑，妓女却心甘情愿倒贴给"小白脸"，连《聊斋》中的女鬼们都梦想着和白面书生"共结连理"，童话故事中的癞蛤蟆更想吃上一口天鹅肉。在金庸的武侠小说中，我们也时时看到这

种"缺什么找什么"的爱情组合：比如木讷的郭靖偏偏离不开俏皮的黄蓉，优柔寡断的张无忌最爱蛮横霸道的赵敏，乔峰顶天立地一个汉子，却被娇小柔媚的阿朱彻底融化。最近热播的一部韩剧《我叫金三顺》，一个家财万贯的花样美男放着出身名门的"如花似玉"不要，愣是无怨无悔地爱上了没青春、没身材、没积蓄，人称"没女"的厨娘金三顺（估计得把电视机前一帮小姑娘们气个半死）。其实说白了，那也是一种"补偿心理"。

所以，"循规蹈矩"的总会被"放荡不羁"的吸引，"脑满肠肥"的一见"如花似玉"的就两眼放光。上帝从造人的那一天开始，就注定了人不是十全十美的，他总要去寻找生命中缺失的"另一半"。在那部家喻户晓的经典名著《围城》中，钱钟书先生就对此作了精辟的论述："围在城里的人想逃出去，城外的人想冲进来，所谓婚姻也罢，职业也罢，人生的愿望大抵如此。"

还记得电影史上那艘不沉的巨轮"泰坦尼克号"吗？一个丰腴的富家女，能买得起昂贵的头等舱船票，一个清秀的穷画家，只能靠赌钱赢来的票才能登上泰坦尼克号。但这两个地位悬殊的人，偏偏在船上一见钟情，直至爱得死去活来，爱得天翻地覆。

这是为什么？

因为顽皮的杰克会教她怎样放肆地"吐口水"，会带她冲到船头学大雁展翅高飞般地眺望大海，会目不转睛深情款款地告诉她："你跳我也跳！"而陪伴在罗丝身边的那个衣冠楚楚的未婚夫，除了上流社会人士的拘谨刻板、道貌岸然、虚伪自私，一无所有。与杰克的不期而遇，让这个手中握有繁华，心灵却始终荒芜的淑女一下子发现了生命的"绿洲"，发现生活还有像野百合般芳香馥郁的另一面。虽然快乐是那么的短暂，但在那艘船上他俩却拥有了整个世界，这段爱情也在罗丝心中成为了永恒……

一个在电影史上被多次翻拍的陈旧题材，一个富家女爱上穷小子的俗套故事，为什么还能让红尘世界中的芸芸众生为它齐洒同情之泪？说穿了不也是一种补偿心理吗？在刻板压抑的现实生活中，这样惊天地泣鬼神的爱情太稀有了，太不寻常了，虽然有点不食人间烟火，虽然有点不可思议，但当你一边看一边哭得跟泪人似的，是否内心深处某个不为人知的角落也曾经真心渴望过这样一段感情？如水般澄澈，如山般葱茏。也许这只是你年少无知时的一个梦想，也许这只是你午夜梦回时的一次冲动，但如果有朝一日能够像一首歌里唱的那样"投入地爱一次，忘了自己"该有多好！当然，这样的爱情可能一辈子也不会遇到，那就让你我在小说里、在电影中尽情地做梦吧！

为了这种爱，也会梦一生……

蓝颜知己和绿帽情敌

这一年老是做客电视台的各种情感节目，帮人排忧解难。于是，身边的朋友打趣我说："你都快成女人的'蓝颜知己'了！"

"蓝颜知己"？这词儿听得新鲜，一开始还没反应过来，从小看戏曲、听评书，耳闻目睹最多的乃"红颜知己"。比如杨贵妃就是唐明皇的"红颜知己"。一个"回眸一笑百媚生"，另一个就"从此君王不早朝"，把个一代明君愣给调教成了"六宫粉黛无颜色"的头号"玉米"（杨贵妃原名杨玉环）。在红颜知己面前，英明神武的唐明皇彻底堕落成中国历史上第一个"玉米"，比环绕超女李宇春小姐身边的诸多"玉米"足足早了一千多年。最后"渔阳鼙鼓动地来，惊破霓裳羽衣曲"，葬送了大好江山不说，红颜知己也"宛转蛾眉马前死"！这位年近花甲的"老玉米"长期沉迷自己的偶像，结果呢，真是赔了红颜又折兵啊！

再看北宋皇帝宋徽宗，他虽然不是一个合格的"国家主席"，但却可以当一位称职的"文联主席"。大凡诗词歌赋、书法绘画那

是无一不精，迷得当时红得发紫的演艺明星李师师小姐心甘情愿地给他当起了红颜知己。宋徽宗每天都要坐"地铁"去跟她幽会，才子佳人在一起吹拉弹唱、吟风弄月，那真是风流快活啊！

还有《桃花扇》里的名妓李香君，本与知书识礼、一表人才的富家公子侯方域结为知己，生死相许。后因侯方域"叛变革命"，甘当"清廷鹰犬"，香君为民族大义，舍儿女情长，与之恩断义绝，堪称"红颜知己"的楷模。《红楼梦》中的贾宝玉、林黛玉，一个是阆苑仙葩，一个是美玉无瑕，虽说宝哥哥有"见一个爱一个"的"花痴"之嫌，但在他心中，林妹妹始终是唯一可以"将心比心"的红颜知己。

长大了以后，我终于闹明白，现代人所说的"红颜知己"跟古人心中的"红颜知己"还不是同一个概念。古时候的"红颜知己"，身上一般"装载"了两种功能：既是知己，又是情人，尤其是像李师师、李香君、陈圆圆、柳如是、赛金花这些名妓，都是"买一送一"型的，在自己喜欢的帝王将相、文人雅士面前，都是将"三陪"事业进行到底的，所以按照现代人的眼光，她们应该称作"情人知己"更妥当一些。至于我们现代人时常挂在嘴边的所谓"红颜知己"，是指思想上"亲密无间"，可又绝不掺杂任何男女私情的异性朋友，她不是妻子，也不是情人，但比一般的异性朋友要走得近，可以"共看篝火"，但不能"相互取暖"，可以"心动"，但不会"行动"，它是男女之间的"第四种"感情。

我觉得，在这个忙忙碌碌竞争激烈的现代工商社会，身心疲惫的男人们与其需要一个纠缠不清、麻烦不断的情人，毋宁说更渴望

一个"读你千遍也不厌倦，读你的感觉像三月"的红颜知己。所谓妻子是"家"，情人是"性"，红颜知己是"情"，什么意思？确切讲，妻子给男人家的温暖，情人满足男人性的需要，红颜知己则是男人情的港湾。

有人说老婆是太阳，情人是月亮，那么红颜知己则是星星。太阳月亮有疲倦的时候，星星却没有，它闪闪烁烁若即若离，甘于寂寞却又灿烂而长久。老婆会在平淡如水的婚姻生活中慢慢缩小成餐桌上残留的一颗饭粒儿，情人有时候也会成为男人摆脱不了的"沉重肉身"，只有红颜知己是时时刻刻给男人带来温暖的"心灵鸡汤"。所以，通常情况下，老婆占有男人，情人消耗男人，而红颜知己则是塑造男人。从某种程度上说，红颜知己好比是男人的精神"伟哥"！

如今，男女平等的口号早已喊得震天响，既然男人有"红颜知己"，为何女人不能有异性知己？于是"蓝颜知己"大行其道。据说现在很多女孩子都以拥有"蓝颜知己"为荣，上自春风得意的影视红星，下至情窦初开的女中学生，都"蓝颜知己"无数，连拥有千万点击率的徐博客都把同样拥有千万点击率的韩博客奉为"知己"。"蓝颜知己"俨然成了女人情感世界里的"私房钱"，不仅身边亲人无从过问，连老公、男友都不得要领。前不久跟一个刚刚新婚的妙龄女士聊天，她说虽然老公疼她爱她，但还是不满足，因为她渴望一个知她懂她的蓝颜知己，显然这是百依百顺俗不可耐的丈夫难以替代的。问她对蓝颜知己有什么具体要求，小女子不说不知道，一说吓一跳，啰唆半天后，我将她的意思总结成了四句诗：

"他要思想深刻成熟睿智像萨特，他要风度翩翩风趣幽默似派克；他又要只求奉献不求回报像雷锋；他还要心如止水坐怀不乱似唐僧！"我的妈呀，这哪里是找"蓝颜知己"，这分明是在找"白马王子"嘛！

不管怎么说，红颜知己也好，蓝颜知己也罢，那都是配偶和情人之间的润滑剂，是男女感情之间的"灰色收入"，所以一定要适可而止，量力而行。一旦"收入"泛滥，就会犯"巨额情感来源不明罪"，"道德法庭"就会找上您，弄不好将不可收拾。

那天做客一个情感节目，在演播室现场，一个女孩子正眉飞色舞地称颂着身边"蓝颜知己"的种种好处时，我就明显注意到坐在旁边貌不出众的"眼镜男友"脸上表情始终是"阴晴不定"，人家心里肯定是不痛快，脸上自然也就不愉快。

小心啊，"蓝颜知己"可别发展下去变了色儿，成了"绿帽情敌"！

Chapter 2

男人这东西

man, playboy

和女人相比，这地球上的另一半人群，

是一种让人捉摸不定的动物。

一方面他总是吃着碗里的，

瞅着勺里的，还惦记着锅里的；

未婚时期待艳遇，结婚后又追求外遇；

有了老婆还想要个情人，

守着家花，还去招野花。

另一方面，男人流浪久了，又渴望安歇，

风流惯了，又向往忠贞。

其实男人的花心也好，多情也罢，

似乎都可以看作是一个孩子顽皮淘气的表现，

是一种纯属玩闹的"过家家"的行为，

但是孩子总有长大的一天。

花心是男人的原罪

花心是男人的原罪

　　前几年，成龙情感出轨，生了个"小龙女"，他公开道歉，原话中好像有这么一句"我犯了一个男人都会犯的错误"，结果触犯众怒。很多女人愤愤不平，什么叫"男人都会犯的错误"啊！一个情感专栏女作家在她一篇文章中提及此事时也是满脸的不屑（我没看到她当时的表情，不过从她的遣词造句中我可以揣度），"男人无非就那么点出息，他们如果一生只和一个女人，他们总会觉得对不起自己，亏待了自己似的"。

　　站在一个男人的角度，我倒认为，成龙这句话是实事求是的，一句再平常不过的大实话，只不过听起来不那么顺耳。真相往往是残酷的，一个在银幕上总是扮演真心英雄好好先生的好男人，居然私底下也会偷鸡摸狗，还大言不惭振振有词，对于不少一直默默支持他和喜欢他的女影迷来说确实难以接受。记得"小龙女事件"爆出来以后，一个跟我私交不错的女记者颇为不解地扔给我一句话："连成龙都花？太可怕了！男人是不是都这样？"

　　当时我真的无言以对。但我知道，花心是男人的原罪，要一个

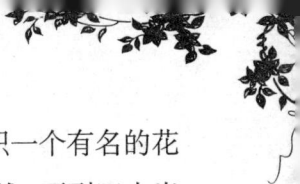

男人不花，比叫他去戒烟、戒酒还难。我有朋友认识一个有名的花心大少，仗着自己高大的外形和做生意挣得那点破钱，不到四十岁已经不知道把多少个女孩的"长发给盘起来了"。我朋友有一回问他干嘛老那么花，就不能踏踏实实找一个称心如意的过几年安稳日子？花心大少自嘲地一笑："大概是狗改不了吃屎吧？"据说他刚刚第N次走出围城，又开始下一轮的猎艳行动了。我朋友笑言，不知道又有多少"新娘"会在他的甜言蜜语下变成苦苦守候的望夫崖！

男人就是这样，谁也不愿"花的心，藏在蕊中，空把花期都错过"。日本作家渡边淳一就曾在那本十分畅销的书《男人这东西》里花了不少篇幅专门论证"男人为何要去风流"。渡边淳一认为，在性涉猎中，男人是"探险家"。"探险家"为好奇心及欲望所驱使，踏上前所未知充满艰辛的世界。男人对待性的态度与之相近，对于未知的女性及其肉体，总是抱着强烈的好奇心，即使要冒一定的风险，也乐于挑战。相反，对早已熟知的、毫无新奇感的女性，他们则产生不了探险的冲动。男人与同一女性发生数次关系后，就会逐渐产生厌倦心理，随后便将注意力转移到陌生的异性身上去。

如果从动物界来看，所有的雄性动物，都具有广泛传播自己的种子以延续自己遗传基因的本能。另一方面雌性动物为保证能生出具有优良遗传基因的后代，对其交配的对象也严加挑选。通过这种性的分工，物种得以延续下去。作为自然界一员的人类，理所当然的也具有这一特性。这一点在精子与卵子的结合中亦表现得十分明显。通过显微镜观察卵子受精的一瞬间，我们可以看出，精子具有无条件地冲向卵子、进入卵子的本能，而卵子则有着从无数的追求者中选择出一个候选者的本能，这就是性的原理。

至于中国男人的风流成性也可以从五千年的文化积淀来把脉。众所周知，中国古代社会的婚姻模式一直推行的是一夫一妻多妾制，即成年男子不光娶妻生子，还能纳妾，甚至公然狎妓亦可传为佳话。像白居易、苏东坡、唐伯虎这样的大文豪生前都曾与一些青楼名妓过从甚密。到了西风东渐的晚清时期，男人三妻四妾的观念依然颠扑不破，早年留洋会多国外语的学者辜鸿铭老先生甚至用一个茶壶应该配四个茶杯的歪理邪说来为男人的妻妾成群辩解。有一回，几名法国贵妇有心责难，大概也是针对辜氏的一夫多妻论。辜鸿铭却问："不知府上坐哪种车出行？"贵妇答曰："马车、汽车皆有。"辜鸿铭笑道："不管是马车、汽车，皆有轮胎，轮胎皆要打气。贵府轮胎虽多，却不知府上备了几支气筒？"辜鸿铭这么一揶揄，他老人家的"茶壶"说更是声名远播。

当时间的指针拨到上个世纪30年代的时候，美女陆小曼同诗人徐志摩结婚以后，怕生性风流的徐志摩另折他枝，还警告他："志摩！你不能拿辜先生茶壶的譬喻来作借口，你要知道，你不是我的茶壶，乃是我的牙刷。茶壶是公用的，而牙刷是私人的。我不会拿别的牙刷刷牙，你也不许往别的茶杯注水。"警告归警告，徐志摩还不照样往别的茶杯注点水，结果把小命还赔上了。据说他那次死于空难就是和旧情人有关——他是为了赶到北京去听她的演讲而罹难的。那一年，他才36岁。

其实男人的花心也可以从另一个角度来解读，那就是男人的征服欲，一个女作家说过：你不理解一个男人的征服欲，你就无法理解任何男人。如果把男人的一生比喻成战斗的一生，女人毫无疑问就是男人一生主要的战利品之一。战利品的数量越多质量越高，男人就越有成就感和满足感，尤其对于成龙这样一个始终在人生的战场上斗志昂扬的男人来说，偶尔出次轨也是体现他征服欲的一个重要指标吧？毕竟大半辈子只守着一个林凤娇，难免有点英雄落寞。

男人的"红玫瑰"和
"白玫瑰"情结

有人说，男人的一生当中，心灵深处总会渴望得到两种类型的女人：一种是圣母型的，温柔、贤慧；一种是仙女型的，浪漫、娇艳。找到"圣母"的，可能还要去找"仙女"，找到"仙女"的，还会去寻"圣母"。所以，男人即使家里有个贤妻良母，也还是要到外面去拈花惹草的；即便把外遇当成外出，也还是要回家的。

张爱玲在她一部脍炙人口的中篇小说《红玫瑰和白玫瑰》中就曾经一针见血地指出过男人这种"鱼和熊掌都想兼得"的心态：也许每一个男子全都有过这样的两个女人，至少两个。娶了红玫瑰，久而久之，红的变了墙上的一抹蚊子血，白的还是床前明月光；娶了白玫瑰，白的便是衣服上的一粒饭粒子，红的却是心口上的一颗朱砂痣。总之，娶了红玫瑰，白玫瑰还是魂牵梦萦，得到了白玫瑰，红玫瑰依然挥之不去。男人就是这样，得陇望蜀，贪新恋旧。两手都想抓，可两手都硬不起来。结果往往是赔了夫人又折情人，竹篮打水外加鸡飞蛋打。

不久前在报上看到一条社会新闻：一花心男子外出办事，不巧赶上情人节。为了让妻子和情人双方都满意，他竟然异想天开将两人同时带上火车，一个睡软卧（自然是情人），一个坐硬座（当然是妻子），自己则左右逢源，来回穿梭。谁知无巧不成书，妻子和情人突然相遇，顿时大打出手，花心男人也在狼狈不堪之下被抓得浑身是伤……

前文提到，花心是男人的原罪，谁也不愿把心"藏在蕊中，空把花期都错过"。正所谓：未婚男人渴望艳遇，已婚男人追求外遇；女人喜欢德才兼备的男人，男人则向往德色兼备的女人。可惜，现实生活中，金无足赤人无完人，男人没有完美无缺的，女人也没有十全十美的，于是男人娶了"德"，通常还念着"色"，有了老婆还要风骚，有了美丽还担心变老。日剧《白色巨塔》热播，很多男人就非常羡慕男主人公——年轻有为英俊潇洒的财前医生，家里红旗不倒，外面彩旗飘飘；家里老婆贤慧，外面情人风骚。

一位整天流连花丛中的中年企业家就曾公然提出：情人是对老婆最好的补充，犹如私营经济是对国营经济最好的补充一样，二者相辅相成，相得益彰。对于一些处于花季多发期的已婚男人来说，情人是生活在天上的，妻子是生活在人间的；情人是放在心里的，妻子是放在家里的；情人是要你伺候的女人，妻子是伺候你的女人；情人如熊掌，多多益善；妻子如鸡肋，食之无味；和情人出门看似雌雄同体，和妻子出门保持三丈距离；和情人一日不见，如隔三秋，和妻子三年不见，恍如一天；情人是孩子又是领导，妻子是母亲又是下属……

一个爱上不回家的男人的女人在我面前痛不欲生：既然有外遇的丈夫这么喜新厌旧朝秦暮楚,那何不及早抽身成全他们？我安慰她,男人喜欢外面的情人就像喜欢窗外的一轮明月,遥远而神秘。一旦这轮明月变成墙上的一幅油画,门上的一块剪纸,就会因日日面对而变得索然无味。这也是多数已婚男人光出轨不脱轨,只外遇不离婚的原因所在。老婆虽是鸡肋,但属于家常便饭,还吃得起；熊掌倒是美味,顿顿吃谁也受不了。就像私营经济再多,也无法取代国营经济的地位,毕竟这是中国,还是社会主义公有制占主体。男人再花心,也不会忘本,一个忘本的男人就跟一个不守信用不讲义气的小人一样在社会上寸步难行。

曾经看过一篇文章：一个男人病危,他让医院通知两个女人,一个是他的情人,一个是他的妻子。情人先到,男人的眼睛为之一亮。他慢慢地从贴身的衣兜里掏出一个电话簿,然后从里面摸出一片树叶标本,问,"你还记得吗？我们相识在一棵丁香树下,这片丁香叶正好落在你的秀发上,我一直珍藏着,我一辈子也忘不了你。"

说完,他看到了紧跟情人的后面而来的妻子。看上去,妻子焦急又憔悴。他以为妻子是不会来的,先是一惊,然后眼里涌出几滴泪水。他慢慢地从枕头底下,拿出一个钱包,对妻子说："让你受苦了,这是我积攒的全部积蓄38万元,还有股权证、房产证,留给你和儿子的,好好生活,我要走了……"

站在一边的情人，气得扔下那片丁香标本，像树叶一样飘走了。而妻子却紧紧握住他的手，让他在温暖的怀抱中，慢慢地合上了双眼……

看完这个故事，我又想起了另外一段话：当你春风得意，飞黄腾达时，偎在你身旁无限风光的是情人，站在你身后默默支持的是妻子；当你一落千丈，失魂落魄时，若无其事离开你的是情人，站在你身前为你遮风挡雨的是妻子……

当花花公子变成模范丈夫

若干年前，我看过一部美国电影，片名已经不记得了，情节还大致有点印象：一个纯情少女禁不住一个花花公子的苦苦追求，决定下嫁给他。女孩身边的亲朋好友一致反对，理由是花花公子风流成性，保不齐她会沦为下一个待宰的羔羊。女孩无奈之余只好求助牧师。牧师告诉她，浪子回头金不换，既然他有诚意，不妨给他一次机会，也给自己一个机会。女孩咬着牙点了点头。接下来故事的发展出乎所有人的预料——花花公子婚后好似脱胎换骨，不仅不再拈花惹草，反倒成了修身养性的模范丈夫。他们一共生育了三个孩子，从此幸福地生活在一起。

我记得是和一个女孩去看的这部电影。看完后，我们发生了激烈的争论。女孩严重质疑影片的合理性和真实性，她认为一段婚姻怎么可能让一个阅尽春色无数的花花公子从此洗心革面立地成佛，未免有点一厢情愿。我却认为只要在合适的时间遇上合适的女人，西门庆也会变成唐三藏，比如俄国大文豪列夫·托尔斯泰，好莱坞著名男星沃伦·比蒂都是花花公子向模范丈夫转化的成功案例。

古往今来不少诗人作家都被称为"风流才子"，大概因为他们普遍情感丰富、多情善"性"。不仅用上半身思考，也用下半身来实践。列夫·托尔斯泰在年青时代就度过了一段不堪回首的荒唐岁月。18岁开始就出入妓院，据说他的处男身就交给了一个年纪比他大七八岁的老妓女。从那以后，他隔三岔五就去风流快活一次，有时候还向相熟的妓女借钱去嫖另外的女人。很快，他染上了性病。1847年，19岁的托尔斯泰在日记里写道："从通常的渠道染上的性病，不得不接受治疗。"就在他的性病刚刚有所起色的时候，他又开始不安分地勾搭上了一个吉普赛女郎，并把性病也传染给了她。他那个时候在乡村生活，勾引了大量的俄罗斯乡村少女，有些少女还是处女。据他的日记记载，在养病期间他的性欲每天都要"爆发"一次，结果又让三个女人染上了轻度的感染病。

托尔斯泰这种荒唐的人生一直持续到34岁。那一年，他认识了端庄贤淑的18岁少女索菲亚，那一刻，这个情场浪子突然意识到倦航的船儿该靠港了。他当着索菲亚的面用粉笔在牌桌上写道："您的青春和对幸福的渴望，使我非常强烈地联想起自己的衰老和对幸福的失望！"一个星期之后，托尔斯泰和索菲亚在宫廷教堂举行了结婚仪式。从此，这个举世闻名的大文豪进入了48年漫长而又稳定的婚姻生活，再无一次情感出轨的记录，尽管他的大名依然吸引着无数的女性崇拜者。

对于托尔斯泰唯一的那次婚姻，文学界向来毁誉参半。甚至有人认为这位写下《战争与和平》等世界文学名著的大文豪的婚姻生活也是只有"战争"，没有"和平"，是文坛最不幸的婚姻之一。其

实这是一种严重的误读。婚后至少有十年时间，他们夫妇俩都是相敬如宾举案齐眉的。新婚不久，他在给朋友的信中写道："我活到了34岁，从来不知道我能够这样幸福。好像这个幸福是我偷来的，是不合法的，是我不应该的。"婚后的索菲亚精心地修整美化他们共同居住的庄园，使托尔斯泰排除一切杂念全身心地投入到漫长的写作生涯中去。而且，他第一部闻名遐迩的长篇巨著《战争与和平》也浸透了妻子索菲亚的心血，一百多万字的手稿是她起早贪黑一字一字的誊写校对出来的。除了创作，他们还一起接待过许多国内外著名的艺术家，如列宾、金斯堡、屠格涅夫等等。一次，托尔斯泰当着朋友费特夫妇的面，捉了两只萤火虫，开玩笑地放到索菲亚的耳边说："这就是我答应送给你的宝石耳环，有比这个更好的吗？"惹得大家哈哈大笑了起来。费特据此写过一首诗寄给索菲亚，这首诗的结尾写道：地上有两个流萤，两颗宝石，你的手在我手中，真是奇迹！至于托尔斯泰中年以后在宗教信仰和生活方式等方面和妻子产生了巨大的冲突，发展到晚年不惜离家出走客死驿站，那都是后话了。

如果说托尔斯泰由情场浪子转型为模范丈夫还存在一定的争议，那么活跃在好莱坞半个世纪之久的花花大少沃伦·比蒂晚年的"改邪归正"早已成为一段有口皆碑的影坛佳话。

沃伦·比蒂，在中国名气不大，在美国，在昔日的好莱坞，一度是最臭名昭著的花花公子。他既是一流的制片人、大导演、超级明星、剧作家：主演和担任制片的《雌雄大盗》（又译《邦妮与克

莱德》）成为新好莱坞的开山之作，自导自演的《赤色分子》曾获奥斯卡12项提名；同时，他也是让人"罄竹难书"的混世魔王：玩弄女性、辱骂导演、追打记者、酒后驾车、开性派对……总之，你能想到的劣行，比蒂照单全收。

在他那漫长的拈花惹草的名单上包括了世界上最美的30多位女性，从影后到名模，从歌星到名媛……无论金发、红发、棕发、黑发，对沃伦·比蒂来说，没有任何区别。现在你可以理解，年近花甲在影坛驰骋了大半辈子的沃伦·比蒂为什么只拍过为数不多的二十多部电影，因为，生活中他有一半的时间都在床上。

欲海无边，回头是岸。1991年，这个已过半百的老牌花花公子在拍摄影片《豪情四海》时被女主角安妮特·贝宁收服，结束了三十年的风流人生。两人结为夫妇直到现在一直忠贞不二。现在看来，贝宁这个女人的驭夫术真是与众不同，居然使得比蒂这条老狼婚后收心养性，夹起尾巴当起了新好老公。据说他们一共生了4个孩子，最大的今年13岁，最小的5岁。去年贝宁第四次提名奥斯卡影后，这个后半辈子才心甘情愿当起模范丈夫的老帅哥还带着两个儿子到现场为老婆打气。真是浪子回头金不换啊，这个曾主演过《美国丽人》等无数佳片的演技与美貌并存的女星虽屡屡和奥斯卡影后宝座失之交臂，但情场得意且把多年人称"好莱坞一条狼"的花花大少管得服服帖帖，也算人生一大幸事了！

两个名满天下的情场浪子被婚姻降服的故事也许会引得不少至今依然在爱情的道路上兜兜转转的痴情女子产生疑问：不都说花心是男人的原罪吗？更何况是荷尔蒙分泌如此急剧旺盛、把猎艳当成

人生唯一乐趣的花花公子？缘何在经历了一阵胡天胡地后却出人意料地走上了一条修身养性的康庄大道？

　　身为男人，我也不得不承认：和女人相比，这地球上的另一半人群是一种让人更加捉摸不定的动物。一方面他总是吃着碗里的，瞅着勺里的，还惦记着锅里的，未婚时期待艳遇，结婚后又追求外遇，有了老婆还想要个情人，守着家花，还去招野花；另一方面，男人流浪久了，又渴望安歇，风流惯了，又向往忠贞。其实男人的花心也好，多情也罢，似乎都可以看作是一个孩子顽皮淘气的表现，是一种纯属玩闹的"过家家"的行为。但是孩子总有长大的一天，当一个随便撒野四处留情的男孩在岁月的打磨下逐渐变得沉稳下来的时候，就意味着他身上多了一样东西——责任感。这份责任感让男人安心，也让女人放心。当男人有了责任感，他就有了结婚的归属感。

　　所以有人说过，结婚对女人来说是动词，对男人来说更多是形容词，让他变得更有责任，也更有魅力。即便是个情场浪子，在他极不情愿步入婚姻大门以后，也会突然发现婚姻的美好、家庭的可贵。大多数男人都是结了婚才算真正找到了一份相知相守的感情。男人花心与否不是爱情的问题所在，而是彼此是不是都找对了爱情。如果找对了，浪子也可能不会再"浪"下去的。这就很大程度上解释了为什么男人对他所爱的女人最大的肯定，就是义无反顾地和她去结婚。倘若他之前浪荡江湖，他也会金盆洗手的。有人说得好，老婆和情人最大的区别在于：前者是男人梦寐以求想买的那所房子，而后者只是他临时落脚的客栈。婚姻登记的一刹那，就好比

是房子到手，那颗驿动的浪子心，终于安歇了。

　　记得 19 世纪英国唯美主义作家王尔德说过一句话：结婚对男人来说是出于厌倦，对女人来说是出于好奇。厌倦指的是什么呢？我觉得既可理解成对自由散漫的单身生活的一种厌倦，也可理解为对花天酒地的风流人生的一份告别。

男人喜新不厌旧，是缺德还是美德？

唐代著名诗人刘禹锡的代表作《竹枝词》千百年来脍炙人口，其中一首写道："山桃红花满上头，蜀江春水拍山流。花红易衰似郎意，水流无限似侬愁。"以一个痴情女子的口吻诉说了男人喜新厌旧见异思迁所带来的无尽的愁苦。所谓痴心女子负心汉，倘若你遇到一个男人喜新不厌旧，给你带来的是些许的安慰还是更大的烦恼呢？

男人喜新不厌旧，往往出于下面两种情况：一种是男人结了婚，还在外面寻花问柳，有了第三者，还不舍糟糠妻，所谓家里"红旗不倒"，外面"彩旗飘飘"；另一种情况，则是娶了老婆，却不忘旧情人，进了围城，还惦记城外那个，所谓"身在曹营心在汉"，尽管城外的风景早已渐行渐远，可依然是胸口的朱砂痣。

最近做客一档情感节目，就遭遇了一个对旧情人始终念念不忘的已婚男人。

外表成熟稳重的卢先生是一家外企的部门经理，结婚三年一

直和太太举案齐眉。然而，在他心中始终有个解不开的心结——那就是六年前和他突然分手从此杳无音讯的初恋情人雅男。太太萧女士是名护士，虽称不上美女，倒也娇小可人温柔体贴。起先萧女士对丈夫和他初恋情人那"动人的过去"也充满好奇，经常甘当听众，时不时还给愁眉不展的丈夫排忧解难。渐渐地，她也受不了了，因为丈夫总是触景生情难以忘怀，甚至有一次在睡梦中丈夫都情不自禁地呼喊起初恋情人的名字……

演播室现场，尽管太太坐在身边，神思恍惚的卢先生还是深情地回忆起和初恋情人雅男的点点滴滴：从小学开始他俩就是同学，一直到高中，可谓青梅竹马两小无猜，一个郎才，一个女貌，一个英俊挺拔，一个美丽大方，在众人眼里，他俩简直就是天造地设的一对儿。据卢先生说，雅男什么都好，就是爱使点儿小性子，他那时也是年轻气盛，两人经常各不相让，在六年前一次激烈的争吵之后，雅男就不辞而别了！

女友突然不见了，卢先生曾疯了似的到处寻找，但始终一无所获。从此，这成了他始终无法打开的一个心结，一个永远也不能砸碎的情感枷锁！哪怕他后来和另一个女人结了婚，这段无疾而终的感情也总是挥之不去。

一直在千方百计寻找前女友消息的卢先生，怎么也没想到，在苦苦寻找六年未果的情况下，不久前的一天，前女友竟会突然主动给他打来电话！但是电话的内容却让他怎么都无法接受！

原来雅男在和卢先生分开之后就去了法国，刚到那里，人生地不熟，为了获得在法国长久的居住权，她被迫嫁给了一个比她大26岁的法国老头。没想到这场异国婚姻对雅男来说就是一场灾难：丈

夫是个酒鬼,每次醉眼朦胧地回到家等待她的就是一顿不由分说的暴打。后来好不容易逃离了对方的魔掌,又不幸得了脑癌,住进了医院。此时,生命所剩无多,回首往事,她不由自主地拿起了电话,拨通了那个曾经熟悉的号码⋯⋯

听到初恋情人久违的声音,卢先生如五雷轰顶,放下电话,他首先想到的就是去法国,哪怕见上雅男最后一面,他还准备拿出家里所有的积蓄帮她治病渡过难关⋯⋯

而此时身为卢太太的萧女士却犹如被无端打入冷宫的皇后,无所适从。坐在演播室里的她禁不住泪如雨下,她无法理解丈夫此刻的心情,她要极力阻止丈夫去法国会旧情人!

但丈夫却箭在弦上不得不发。原来,雅男六年前在离开他的时候,已经怀有三个月的身孕!屈指算来,他们的孩子今年已经六岁了!如果雅男撒手人寰,那这个可怜的孩子就会成为孤儿!一种要把儿子接回来抚养的念头强烈支撑着他,他不想再对不起雅男,他要承担起父亲的责任!

可他现在的妻子又该如何面对这样一个从天而降的孩子?!

演播室犹如一座随时要点爆的火药库!

对这个前半段像好莱坞浪漫爱情电影,后半段像韩剧的离奇故事,现场的嘉宾明显分成了两派:一派认为,卢先生既然早已和萧女士步入了婚姻殿堂,就应该割舍旧爱,否则对现在的妻子很不公平,现在局面搞得这样不可收拾,完全是他咎由自取的结果,是一种缺德的表现;另一派则认为,卢先生的"喜新不厌旧"是一种美德,身为他的妻子应该宽容大度。雅男快不行了,从人道主义上讲应该去看她最后一面,毕竟那是他曾经深爱过的人!孩子是无辜

的，应该带回中国来抚养！

我突然想起了一位名人说过的一段话：爱和怀念其实是两回事。男人忘不了旧情人，必然是在他过去的岁月里，曾经对不起她，那一次的过失，他无法弥补。他已经不可能回去找她，唯一的补偿就是怀念，同时也用对她的怀念来惩罚自己。男人对旧情人愧疚，才会更珍惜眼前人。

每个男人心中都有一个"狐狸精"

记得小时候看国产老片，虽然很多地方懵懵懂懂不太明白，但有一个词儿很早就在心中根深蒂固了，那就是"狐狸精"。但凡一个女人举止轻浮、作风淫荡，这三个字就跟一堆臭狗屎一样会从四面八方毫不留情地朝她脸上扔过来，让她颜面扫地尊严尽失。可以说，在中国传统文化中，"狐狸精"是对一个坏女人最形象化的描述，惑主亡国的妲己、褒姒，秽乱后宫的赵飞燕、杨玉环，红杏出墙的潘金莲，她们都已经当之无愧地进入了史上最著名狐狸精行列。

稍大点，开始读《聊斋志异》，陶醉在那个令无数凡夫俗子所向往所企盼的花妖狐怪的奇幻世界中。据有关人士统计，在《聊斋志异》收录的上百部短篇小说中，有83篇中出现了狐狸精。那时读着读着忽然发现，蒲松龄老先生笔下的狐狸精们并不都是祸国殃民的红颜祸水。相反，她们美丽动人，她们温柔多情，她们知书达礼，她们侠骨柔肠。在《聊斋志异》之前，文人们更多地是把狐狸妖魔化和邪恶化，是蒲松龄第一个把狐狸精人格化了。他笔下的狐狸精，婴宁、小翠、阿绣、辛十四娘……一个个集美貌智慧于一身，文才与口才并重。正是应了"狐狸50岁变成女人，100岁就会成为美女"这个美妙的幻想。

美学大师朱光潜说过，夜读《聊斋志异》，会不由自主地爱上"夜半女郎"，而这所谓"夜半女郎"多数是狐狸精。蒲松龄的老家山东某大学有位女教授叫马瑞芳，长期致力于对《聊斋志异》中各种"狐狸精"的研究，如今不仅成了这方面的"博导"，还在电视台开设了专门解读聊斋中"狐狸精"的文学讲座，如今还上了《百家讲坛》并大受欢迎。有人戏称，几千年来被民间误读的"狐狸精"终于平反昭雪了。

说起来也很可笑，虽然"狐狸精"几千年来就像戏曲舞台上的曹操一样，一直被人为地曲解着、被肆意地嘲弄着，但朝秦暮楚心猿意马的男人们却依然对她们情有独钟，一如淑女总会爱上强盗、妓女偏偏喜欢倒贴"小白脸"一样，成了人人嘴上不肯承认、暗地里却心驰神往的一种情感"潜规则"！

众所周知，所谓"狐狸精"是从狐狸演变而来的。按照动物分类学，狐狸属于脊椎动物亚门哺乳纲肉食目犬科，生性多疑，狡猾机警，加上一身漂亮的皮毛，在远古时代就让我们的猎人祖先们在不断追逐中头痛不已。也许基于它的上述特征，在多神崇拜时期，狐狸的神性被定为中性（即可男可女）。

真正让狐狸从中性演变成单一性别（女性）的妖精，就要追溯到魏晋时代。那时候生性风流酷爱幻想喜欢"清谈"的门阀子弟，最早总结出有一种女人叫"狐狸精"，笔记小说中所描绘的她们大多美艳不可方物，对男人有天生的热爱和占有欲。

到了唐朝，那位七岁就能用"白毛浮绿水，红掌拨清波"来形容鹅的诗坛天才童星骆宾王又发明了"狐媚"一词——在一篇文章中，他指斥靠魅惑手段"篡国夺权"的女皇帝武则天是"掩袖工馋，狐媚偏能惑主"。从此，"狐媚"成了"狐狸精"蛊惑人心的一个"致命武器"。《封神榜》中的商纣王宠妃妲己就善施狐媚，当国亡被俘后，奉命处死她的士兵只要一见她的眼神，立即目乱神迷，下不了手，只好由姜子牙作法除掉她。明末秦淮八艳之一的顾媚，眉如春山，眼如秋水，其媚在眼，故自号"横波"，南明诸公子为她倾倒，拜在石榴裙下之人，不知有多少！

《红楼梦》第二十回里，宝玉的奶妈李嬷嬷拄着拐棍骂袭人的时候也用了这个词儿："忘了本的小娼妇，我抬举你来了，这会儿我来了，你大模大样地躺在床上，见我来了理都不理，一心只想装狐媚子哄宝玉，哄得宝玉不理我，听你们的话……"我估摸着宝玉和袭人之间发生的"一夜情"不定怎么传到了李嬷嬷耳朵里，才惹出这许多是非来。要怪也只怪宝玉太多情，搞得身边的丫头在外人眼中都难逃"狐狸精"嫌疑。尤其那个晴雯，明明"心比天高"，就因为天生一副水蛇腰，还有点削肩膀儿，外加眉眼之间又酷似林妹妹，就被一贯正统的王夫人视为轻狂的"狐狸精"而赶出了大观园。她在死之前还不忘提醒偷偷来看她的宝玉，"我虽生得比别人好些，并没有私情勾引你，怎么一口咬定了我是个狐狸精？"——真真可怜！

晴雯打死也不愿意背上"狐狸精"的骂名，那是因为狐狸在中国人的理念中多含"香艳"的寓意，晴雯虽是个丫鬟，但人家行为端庄作风正派，至死也是一个清白的黄花闺女，当然对"狐狸精"嫉恶如仇啦。不过中国的男人们可不这么想，"狐狸精"个个都像杭州丝绸一样轻薄柔软，像巴黎香水一样让人神魂颠倒。"香艳"一点怎么了，正所谓"好战士上阵不能不带枪，狐狸精出门不能不带香"，不坏那么多，只坏一点点，别人眉来眼去，我只看一眼。要是女人个个都像《红楼梦》里的李纨老师那样槁木死灰，每天见人都是一张永远阴雨连绵的"寡妇脸"，那男人不都成"太监"才怪呢！

最近重温《聊斋》，终于明白了"狐狸精"的故事为什么源远流长、深入民心。原来，那一个个眼波流转姿态曼妙的"狐狸精"简直就是中国古代书生，更准确地说，是中国男人心目中的梦中情人！

熟悉中国话本小说和民间戏曲的人可能都会发现一个非常有趣的现象：中国古典式的爱情往往是"女追男"。比如《西厢记》、《白蛇传》、《梁祝》，那可都是女方自个儿送上门，甚至动不动就是"以身相许"那种。而男方呢，一开始可都胆战心惊吓个半死，最起码也是扭扭捏捏半推半就，十足的一个"灰小子"。这跟全世界风行的"灰姑娘"的经典童话恰恰相反。

国外那些金发碧眼的"灰姑娘"虽说也是可怜兮兮红颜薄命，但终归会遇上一个英俊果敢的白马王子拔刀相助英雄救美，最后"麻雀变凤凰"，"王子和灰姑娘从此过上幸福的生活"。我们的落魄书生、落难公子们虽然每天衣着寒酸食不果腹，但依然自我陶醉在"书中自有黄金屋，书中自有颜如玉"的黄粱美梦中。忽然有一天，不知从哪儿飘来了一个狐狸精模样的女鬼，长得如花似玉不说，还特会做饭！更绝的是，她们从不居美自傲爱慕虚荣，不会缠着身边的男人买名牌买香水，反倒甘当贤内助，而且危难之处显身手，关键时刻挺身而出，力挽狂澜，时不时上演一出让普天下男人为之感激涕零的"美女救书生"的好戏。而且她们还特别通情达理，知道什么时候该来，什么时候不该来，男人寒窗苦读的时候，男人金榜题名的时候，男人和正牌妻子比翼双飞的时候，她们绝对不来捣乱，即便和有情郎不能终成眷属，也绝不会"一哭二闹三上吊"，而是含笑离去光荣引退……

　　有人戏称，中国经典的狐狸精形象都是长着一副李师师陈圆圆那样的绝世美貌，骨子里却有着刘慧芳（当年轰动一时的电视剧《渴望》女主角）那样的伟大的女性胸怀。"轻轻的我走了，正如我轻轻的来，我挥一挥衣袖，不带走一片云彩"，徐志摩那首《再别康桥》，我看简直就是一首赞颂具有中国特色的"狐狸精"的伟大诗篇！

　　记得李安在《断背山》公映之时，曾不无感慨地说道："每个人心目中都有一座断背山。"套用李安的这个句式，每一个男人心目中不也都有一个"狐狸精"吗？在夜阑人静午夜梦回的时候，这个"狐狸精"就会飘然而至，让"生命不息，窝囊不止"的中国男人获得短暂的心灵慰藉！

顽固不化的"处女情结"

如果你是个文学青年，那么在你成长岁月的阅读体验中，一定会对经常出现在情爱小说中的一个句式非常熟悉——"她失去了一个姑娘最宝贵的东西"。这"最宝贵的东西"不是别的，就是那一失足就会成千古恨的"女儿身"。"哪儿的人最在乎处女？"如果有人在全球范围内做一个这样的调查，相信中国人肯定能进前三名。

中国人的处女情结不仅根深蒂固，且源远流长。在古代，"饿死事小失节事大"跟现在的"好好学习，天天向上"一样深入人心。据说，那个时候，大户人家不仅娶妻娶处女，养婢纳妾也得要求是处女。在民间，即使一个男人穷困潦倒家徒四壁，讨个老婆是否为处女也是首要条件。"水不厌清，女不厌洁"成为中国封建社会约定俗成的一种普遍心态。哪怕到了21世纪的今天，哪怕是80后出生的小男孩，也都会在内心深处的某个角落企盼在"洞房花烛夜"娶个纤尘不染的处女回家。处女情结我倒没有，但我身边很多男人都有。前不久有调查显示，有的中学生还乳臭未干，就做起了"处女梦"，希望自己将来的另一半在新婚之夜还"白璧无瑕"，你说可笑不可笑？

一位著名心理学家曾经跟我说，中国男人的处女情结一旦表现在婚姻问题上就像个专制的暴君：我跟一个女人结婚，不仅娶的是她的今天，也要娶她的过去，还要娶她的明天。它的潜台词就是，我要找的这个老婆不光在新婚之夜要奉献出她的第一次，婚前即使未曾相识也得为了我这个尚未出现的老公守身如玉，将来我死了她还得无条件为我守寡终身！

最近看日本著名情爱作家渡边淳一的杂文集《男人这东西》，才知道处女情结也存在于日本男人的心中。在书中，渡边淳一写道：男人在内心深处总是渴望成为他女人的最初的男人，这便是我们所说的处女情结。在传统婚礼上，新娘身披洁白无瑕的婚纱，象征着她奉献给爱人的内心和肉体与她所披的婚纱一样纯洁无瑕。有人因此断言，男人喜欢处女，是一种对纯情的向往，对美好的追求。其实，这是一种严重的误读。

男人的处女情结，古老而神秘，既是传统的大男子主义思想的一种延伸，认为跟我过日子的女人必得唯我独尊从一而终，又是随意支配女人、改造女人，将女人视为战利品的雄性心态的流露，还有一种潜在的自卑感在作祟。对此，渡边淳一分析，当我们开始探索推崇处女性的男人的内心世界时，我们会发现其中隐藏着一种深深的不安。男人无法忍受在性方面被女友同她以前的男友做比较，这与男人在性方面缺乏自信有关。因此就男人而言，追求纯洁的处女性的心理的背后，实际上还隐藏着男性性方面的不安感和幼稚性。在中世纪的欧洲，骑士出征之前，往往让妻子戴上贞操带，是为了避免自己不在的时候，妻子同别人发生关系，否则的话，颜面尽失。所以男人结婚时想找处女，既是一种"面子工程"，是对女人居高临下的俯视心态，也是一种赤裸裸的占有欲，是男人外强中干以此掩饰自己性方面经验不足、能力不够的虚弱表现。

然而，这种冥顽不化的处女情结在满足了不少男人的虚荣心时，却实实在在地害了不少女人。我记得两三年前，在全国发行量上百万的南方某大报竟然一段时间内专门辟出了大半个版面为一个身家千万的富豪征婚。而这个财大气粗洋洋洒洒的征婚广告打出的第一个要求就是"必须处女"！据说应征者无数，其中有些早已不是处女身的女孩子为了实现嫁入豪门的梦想，不惜千方百计地造假！前不久，我还在网上看到一条匪夷所思的报道：一个来自贫困山区的女大学生，傍了个有点臭钱的老头一年。为了保全自己的处女之身，她一直用手、嘴，乃至乳房其他部位满足老头的变态要求，直到合同期满，还是个处女。她说她要把她的"第一次"献给未来的老公。

男人真的那么看重女人的"第一次"吗？

有时候看似乎也不尽然。

最近，我的好友、女作家赵凝跟我说起了一件相当荒唐可笑的事。她认识的一个女孩子小柔因为是处女，在热恋期间她的男友竟然害怕承担责任，拒绝跟她上床。

这件事初听起来很奇怪，不都说中国男人有处女情结吗？为啥当处女主动投怀送抱，受宠若惊求之不得的男人反倒临阵退缩了？

对此赵凝给我的解释是，男人希望将来娶的那个人是处女，却害怕一块玩耍的女孩子个个都是处女，"责任太可怕了"，要他对过往的女友一一负责的话，他做不到。跟一般女子逢场作戏，爱就爱了，做就做了，散就散了，谁也不欠谁。可是对方要是个处女可就糟了，亲热过后，把脸贴上来，一声轻轻柔柔的"亲爱的，我是你的人了"，顿时像用蜘蛛丝缠住男人，让男人有种插翅难逃的感觉。

小柔的男友一定害怕被缠上，所以才拒绝跟她上床的。看来中国男人根深蒂固的处女情结是和婚姻捆绑在一起的，如果暂时扔下婚姻这个包袱，男人有时候见了处女，反倒躲得远远的，因为逢场作戏的男人们最怕承担责任！

有时候想想，男人真的是一种非常可笑的动物，他一方面要求跟自己结婚的女人是处女，一方面又在内心幻想全天下的女人都是妓女，另一方面又奢望自己喜欢的女人在其他男人面前是烈女，偶尔还会希望自己不爱的女人也傻傻的做个一心只想着他的痴女。

有时候男人又很贱，如果一个女人太爱他认识他不久就主动把贞操献上，他会像江姐鄙视叛徒甫志高一样的看不起她，觉得她太随便不像圣女贞德，太便宜缺乏收藏价值；如果一个女人太自爱认识他许久还坚守处女的岗位，他又会像一个男下属仰望女上司一样心存畏惧，认为她太死板就像修道院的院长嬷嬷，太僵化好比是马王堆的出土女尸。

连易中天先生也在《中国的男人和女人》一书中一针见血地

指出：男人的性心理是很矛盾的，他希望自己的女人严守贞操，其他的女子最好都是娼妇。女人都应该矢志不渝从一而终，至于男人，那是韩信用兵多多益善。

我认识一花心大萝卜，十多年来一直在情场纵横驰骋，泡妞泡到据他吹嘘都快三位数了。原来身子骨还挺硬朗，这些年下来就跟纵欲无度的昏君似的，早已外强中干空剩一副臭皮囊了，就这德性，还信誓旦旦说什么若要结婚必须是个处女。他身边就有女人讥讽他：一天到晚花天酒地醉生梦死的，凭什么要求对方守身如玉从一而终啊，这不是"只许州官放火不许百姓点灯"吗？

您还别说，像这类"宁教我负天下女人，莫教天下女人负我"的呆霸王还真不在少数。像前面提到的某些征婚专征处女的富豪，不也是对自己"自由主义"，对家人"孔孟之道"的典范吗？

男人三十难立

孔圣人说："吾十有五而志于学，三十而立，四十而不惑，五十而知天命，六十而耳顺，七十而从心所欲，不逾矩。"想不到，圣人的话在芸芸众生的心中是"一句顶一万句"，并成了一道紧箍咒套在了中国男人的头上。这一套就是两千多年，搞得中国男人一个个吃得比猪还差，干得比牛还累，最后还不一定混出个人模狗样来。

最近发布的《中国社会婚恋调查报告》据说引起了各方的关注。调查数据显示，2007年女性眼中最理想的男性结婚年龄（即宜婚年龄）已经由去年的30岁推迟至31岁，而女性的结婚机会从25岁起逐年递减……就业压力、薪酬水准、消费结构、个人对于家庭生活起码物质条件的心理底线等形成的精神重荷，导致当今的都市男性成家立业的年龄越来越滞后。孔圣人所期待的"男人三十而立"已经成为一种"乌托邦"的理想，如今30岁的男子既没成家又没立业的比满大街搞保险推销的还多。

我有一个师弟，和女友相恋4年，今年正好三十。据说他向女友求婚不知多少回了，女友就是不答应，原因只有一个——没房住想结婚？就跟猪八戒想娶嫦娥，做梦！女友限定他一年之内必须筹集到买房的首付，否则拜拜走人。师弟有一次跟我聊天，聊着聊着眼泪都快下来了。他说北京房价如今水涨船高，自己月入才5000，哪买得起？问父母借？父母当年也是普普通通的公务员，积蓄不多，何况早已退休在家，哪里掏得起钱给儿子买房？眼看着自己三十难立，师弟不禁悲从中来。我只好安慰他，想当年刘备起家的时候，也老大不小了，他三十岁的时候，不还在靠贩卖草席为生吗？商界"教父"柳传志发家不也过了四十？男人急什么？大器晚成说不定更能鹏程万里！说归说，心里想起来还是有点发毛，我三十岁那年，好像银行存款都不到一万，工作也总是处于风雨飘摇之中，成家立业对我来说简直是瘌子追美女——实在是心有余而力不足。

　　日前，中国青年报社会调查中心进行了一项在线调查，其中一项调查内容是："你会和一个没房没车的男朋友结婚吗？"调查结果显示：47.4%的女性和39.3%的男性觉得，面对婚姻，"没车可以，没房不行"；7.3%的女性表示"不会考虑没房没车的男人"；11.6%的男性表示"没车没房，肯定不会向女友求婚"。而实际上，在北京、上海、广州、深圳等大城市，三十岁的男人既没房子也没车子更缺票子的大有人在。这几年，高校扩招如火如荼，可惜人才市场却供大于求，导致大学生"毕业即失业，失业也就顺道失恋"成了一道多米诺骨牌，很多年轻人过了二十五，要么还在失业大军中苦苦挣扎，要么就在频繁的跳槽中来回折腾，往往年近三十，万里长征才仅仅迈出了第一步，于是，"三十而立"像一个紧箍咒，不

时提醒男人该娶媳妇，或者事业该上台阶。有人戏称，男人三十，既不是"一朵花"，也不是"豆腐渣"，而是"苦哈哈"。如果说，20岁的男人是试验品，30岁的男人则是半成品，到了35岁才会打磨为成品，而想进一步变成精品恐怕就要40岁了。30岁的男人就像一只小小鸟，怎么飞也飞不高，想要寻寻觅觅一个温暖的怀抱，可惜却总也找不到。

　　30岁的男人在事业上举步维艰，在婚恋方面同样步履蹒跚。我看过一个报道，一个30岁的外企男白领去婚介所征婚，异乎寻常受到了冷遇，材料搁在那一年无人问津。据婚介所相关人员分析，30岁的男人很尴尬，在18岁小女孩看来，30岁的男人太老太土太古板，他们没有20出头的小帅哥的青春和活泼，而在一个二十七八岁的都市女白领看来，30岁的男人又太单薄太委琐太没个性，同40岁的成功男人相比，他们也不够深沉不够沧桑不够大气。前不着村后不着店，30岁的男人快成了三不管地带，一个被爱情遗忘的角落。

　　其实"三十难立"已经成为全球范围内一个普遍的社会现象。这样的族群遍布全球——在美国、加拿大，被称为"归巢小孩"；在英国，他们是"口袋小孩"；在德国，他们被叫做"赖巢族"；在意大利他们是"妈妈的小孩"；在日本被称为"飞特族"；中国则习惯把他们叫做"啃老族"，即靠着父母双亲吃老本的"笨小孩"。

　　当然，并非所有的30岁男人都一事无成或还在候补队员的席位上苦苦守候。香港首富李嘉诚30岁那年在香港的资产已经突破了千万元，而成为千万富翁的李嘉诚依旧是每天工作16小时，晚上还坚持自学。住的是老房子、穿的是旧式西装、戴的是廉价电子手表，没有任何奢侈恶习。同样在这一年，他留意到自己厂房的租金年年上涨，而香港地少人多、寸土寸金，房地产大有投资的空间，也因此开始了从"塑料花大王"向"房地产巨子"的转变。几十年的勤俭与精明投资，终于成就了他的"超人"传奇。杨元庆30岁的时候已经是联想微机事业部的总经理了。他在联想最困难的时候临危受命，从整个联想挑选了18个业务骨干，组成销售队伍，以"低成本战略"使联想电脑跻身中国市场三强，实现了连续数年的百分百增长率。

不过话又说回来，不是每个男人都有机会成为李嘉诚和杨元庆的。在目前市场竞争如此激烈而又残酷的时代，绝大多数30岁的中国男人还处在潜力股状态，既然是潜力股，就有可能升值，有可能将来一跃成为绩优股。一个商界的女精英说得好，找男人就跟投资一样，痛并快乐着，你可以直接坐在类似绩优股一样的男人腿上坐享其成，也可以和一个暂时还是潜力股一样的男人共同奋斗，在奋斗中寻找生活的乐趣还是直接当接收夫人，就看你怎么想了。

当接收夫人表面轻而易举可实际对方未必以诚相待，和男人并肩前行有可能中途分道扬镳也有可能共同达到理想的彼岸。我觉得男人三十难立未必就代表着四十依然有惑，士别三日还需刮目相看呢。人生贵在一搏，此时不搏，更待何时？

男人四十有惑

最近又重温了拍摄于上个世纪70年代末的苏联经典喜剧片《秋天的马拉松》，感触良多。影片的男主人公布兹欧金四十多岁，是个文质彬彬的翻译，跟一小撮管不住自己"下半身"的已婚男人一样，布兹欧金也是家里"红旗不倒"、外面"彩旗飘飘"的成功典范。为了在三角关系中保持平衡，这个性格懦弱的白面书生，每天都像进行一场永无终点的马拉松长跑一样奔走于妻子和情人之间。起先还乐在其中，不知疲倦，可长年如此，总是靠甜言蜜语两头哄，凭撒谎骗人过日子，布兹欧金越来越心力交瘁。慢慢地，这位昔日活力四射的"都市欲男"渐渐退化成了性趣低下的"都市萎男"，不光握着妻子的手好比"左手握右手"了，连昔日摸起来"好像回到十八九"的情人的手也变成"酸甜苦辣全都有"了！

其实，岂止是三十年前苏联大一统时代的中年男人在跑这场永无终点的"秋天的马拉松"，从《一声叹息》到《谁说我不在乎》，从《美国丽人》到《男人四十》，近年来银幕上这些游荡在钢筋水

泥丛林里的中年男人们，不都是一副从初始的"欲壑难填"发展到最终的"欲哭无泪"的狼狈嘴脸吗？

中国有句老话叫"四十不惑"，可问题是四十岁的男人真的就已经胸有成竹，不需要"答疑解惑"了吗？看着他们每天在地铁里挤成沙丁鱼罐头一样朝九晚五地上下班，看着他们为了养家糊口纷纷沦为"车奴"、"房奴"，看着他们大把的财富尚未完全攥在手中，焦虑惶惑却已大面积地写在脸上。我们不得不承认，现代的男人很精彩，现代的男人也很无奈。随着超龄偶像刘德华一脸疲惫地喊出"男人哭吧哭吧不是罪"的时候，"男人有累不轻谈"的假面具终于被彻底撕开，于是《爱一个人好难》、《痴心绝对》，一首首"很受伤"的男人情歌像"情流感"似的大范围流传开来，在钱柜、麦乐迪，我们经常可以看到一些大腹便便好似怀胎九月的都市白领打扮的中年男人们在如泣如诉地发出诘问"为什么你背着我爱别人"，那哀怨的语气，那缠绵的歌声一如被大款们始乱终弃的怨妇，确切地讲更像被富婆们包养了一阵便被扫地出门的"小白脸"们！

做一个男人不容易，在一个竞争激烈、优胜劣汰的现代大都市里做一个男人更不容易，而做一个拖家带口，身兼"房奴"、"车奴"、"性奴"（据说也有中年男人在如狼似虎的妻子软硬兼施下又差点降格为"性奴"）多重身份于一身的中年都市男人更是难上加难。白天，在职场上，他们是勇往直前、敢打敢拼的狼，"一天不工作，就有被世界抛弃的危险"；下班回到家，在家人面前，他们是舐着口水、四处卖乖的哈巴狗。

哪里有压迫哪里就有反抗，哪里有压力哪里就需要舒缓，正所

谓"单恋一枝花,难免苦哈哈",于是,这些白天是公司的螺丝钉、老板手中遥控器的中年男人们,到了晚上通通变成了四处游荡、渴望远行的"列车",引得无数单身的都市丽人都想"搭乘"。尤其是夜幕降临之际,这些以各种加班、应酬为借口不愿回家的中年男人们,就像到处寻找"花姑娘"的"鬼子兵"一样出没于灯红酒绿的俱乐部、夜总会中,"今夜你会不会来,你的爱还在不在"?一时间,欲火中烧的"都市欲男"们如参加海选的超女般层出不穷地涌现在神州大地。"一等男人家外有家,二等男人家外有花,三等男人花中寻家,四等男人才下班回家"成了一段时期"都市欲男"的真实写照。

然而,欲望始终是个无底洞,谁也填不满。婚外恋、一夜情这两种"饮料"并不能让欲壑难填的中年男人们真正"解渴"。周而复始地过着狼狈不堪的偷情生涯,使他们变得麻木,变得冷漠,"讨老婆乏味、找情人太累、不结婚似乎最实惠"成了普遍心态。在领导、老婆、情人的三重夹击下,"都市欲男"们付出了很沉重的代价——"30岁的脖子,50岁的颈椎","40岁的身体,60岁的心脏",糖尿病、胃溃疡、胆结石……各种慢性病像甩不掉的旧情人一样缠上了他们。打开电视,插播在各类节目之间的药品广告让人目不暇接,走在马路上,"江湖老军医,专治疑难杂症"之类的小广告犹如一块块牛皮癣似的若隐若现于大街小巷,这无疑宣告身患"都市焦虑及婚外偷情综合征"的中年男人已成了当下头号病人。

诸多"都市欲男"们正是在"股票被套,小蜜跑掉;老婆总闹,伟哥失效"的悲情人生中不可避免地沦为了肉体与精神双重疲软的

"都市萎男"。

　　所以，面对这些人到中年郁郁寡欢的"都市萎男"们，我们不得不发出这样的感慨：男人，三十难立，四十也依然有惑，到了五十知不知天命也还是个未知数。

中国男人越窝囊，越能流芳百世

什么叫"窝囊"，男人一旦窝囊起来又是一副什么尊容？那天以嘉宾身份做客李静和戴军主持的电视栏目《情感方程式》，算是长了一回见识。

那期节目探讨的话题是"如果你的男友很窝囊，你该咋办？"，请到演播室现场的两个女孩子，提起男友们的种种窝囊行径，可谓痛心疾首。其中一个女孩子说到，有一回跟男友出门打车，司机故意绕远道，兜了一个大圈子，下车的时候不仅不道歉，还企图漫天要价，此时作为男友本应该挺身而出、据理力争，没想到他却一言不发，变成了"缩头乌龟"，还是小姑娘自己出面把不怀好意的司机给摆平了。一个女孩也大动肝火地痛陈男友的"窝囊家史"——明明被身边的朋友骗去了几万块钱，竟从没有想过去追债，大马路上遇见了对方，被骗的男友反倒视而不见低下头故意躲开了。一年过去了，不仅几万块钱打了水漂，原先借钱的时候拍着胸脯赌咒发誓说"海枯石烂钱也要还"的朋友也是"杳如黄鹤"……

有意思的是，在众目睽睽之下，面对女友们组织的这场别开生面的"批斗会"，同样坐在演播室里的两位男友从始至终都像个呆头鹅一样干瞪着眼，毫无招架之功，只剩下讪讪的傻笑——这让我不由得想起了鲁迅先生笔下那些站在街边麻木的看客。

作为节目邀请来的"情感鉴定团"的一员，我对两位男友的窝囊行径很不以为然。才二十多岁的热血男儿，本应是爱憎分明、嫉恶如仇的年龄，怎么小小年纪就"松下"和"微软"了？今天，在一个使坏的的哥、一个不讲任何信义的"损友"面前，尚且忍气吞声，退避三舍，有朝一日面临大是大非的关键时刻，还期望他能"正大"和"日立"吗？我很怀疑。

其实，倘若你静下心来仔细想想，"窝囊男友"乃至"窝囊老公"如今放眼望去，俯拾皆是，不仅生活中屡见不鲜，荧屏上也遍地开花。君不见历届春晚，小品都是"窝囊男人"唱主角，无论是赵本山、潘长江、巩汉林，还是郭达、黄宏、冯巩，不都在十三亿中国老百姓面前乐呵呵且"屁颠颠儿"地演绎着"窝囊的中国男人的幸福生活"吗？

再回头看看咱们的老祖宗，赫然发现"窝囊男人"更是主宰了中国五千年的历史，当仁不让地占据了人气排行榜的多数席位。先不说别的，从流芳百世的四大名著里就可略知一二。

先说《三国演义》。小时候听袁阔成老先生说评书，就偏爱曹操，不喜欢刘备——说曹操"奸雄"也好，"枭雄"也罢，称得上是位雄才大略的政治家、军事家，最起码也是一个敢作敢为的男人。刘备算哪根葱？一没谋略二没武功，连首打油诗都不会写，偏

男人不说，女人不懂
He keeps words, she keeps puzzle

偏被罗贯中奉为"高、大、全"的正面典型。我始终看不上他——十足的"窝囊废"。胆儿小就不用说了，跟曹操"煮酒论英雄"，一直战战兢兢、哆哆嗦嗦，全无半点英雄气概，天上响了一个炸雷，就把他手中的筷子给惊到地上去了，您瞧他这点出息！

最让人起鸡皮疙瘩的就是他老人家动不动就"哭"：刘关张哥儿仨失散了，他哭；徐庶要进曹营做人质侍候老母，与他依依惜别，他也哭；好不容易三顾茅庐见了诸葛亮，他还哭；赵云为了救出他那个弱智儿子阿斗，在长坂坡曹军阵中七进七出，他照哭不误。我粗粗回忆了一下，《三国演义》里关于刘备哭的描写至少不下十处，而且哭得还相当有技巧。起先隐居在隆中的诸葛亮不愿出山，被刘备这么一哭竟"哭"出了茅庐。在白帝城托孤时再一哭，就把诸葛亮彻底"哭"得鞠躬尽瘁、死而后已。关羽、张飞、赵云也是被刘备"哭"得比烈女节妇还要死心塌地、忠贞不二。古人云：男儿有泪不轻弹，只是未到伤心处，到了刘备这儿，倒变成了"男儿有泪就重弹，只管需要它就灵"！反正没啥本事，就一个劲儿地哭呗！看来刘备的泪腺确实不一般，眼泪说来就来。

在浩浩荡荡的中国古典文学人物长河中，有两人的泪腺最发达，泪水也最具煽情功能，一是《红楼梦》中的林黛玉林妹妹，另一个就是咱这个刘备刘皇叔。我看在刘备登基以后，善于用兵的诸葛亮应该把"三十六计"改成"三十七计"，在"走为上"之后再增加一条"哭为下"。不过此计要慎用，关键时刻才能药效显著，一旦泛滥成灾就不灵了。

再瞧瞧《水浒》。晁盖死后，鲁智深、林冲、武松、李逵一班绿林好汉居然紧密团结在以宋江为核心的第二代领袖身边。宋江何

许人也？一个肩不能挑手不能提的县政府办公室秘书出身，顶多是一副科级干部，整天满嘴仁义道德却干不了任何实事，此人从小到大干过的最轰轰烈烈的一个英雄壮举就是杀了他的"野蛮女友"阎婆惜。一旦要面对荒淫无道的皇帝老儿，面对腐败透顶、二奶成堆的贪官污吏，就知道打躬作揖、长跪不起。"窝囊指数"与刘皇叔不相伯仲！

至于《西游记》，不知道为什么也把历史上赫赫有名的一代高僧重新包装成了一个迂腐不堪、窝囊十足的"臭和尚"（这是林黛玉最爱骂的一句口头禅），除了会念念让人不厌其烦的紧箍咒，基本上没啥真本事，一旦被捕身陷囹圄，面对牛鬼蛇神，既缺乏江姐、许云峰大义凛然视死如归的壮志豪情，也没有大理王子段誉"凌波微步"的逃命绝学，只会以尊容失色兼屁滚尿流来应对，如果遭遇白骨精、蜘蛛妖这些"女色魔"，还有"失身"的危险！最可气的是，到了吴承恩的笔下，热爱自由、不畏强暴、武功高强的孙大圣偏偏要将这位窝囊透顶的唐三藏奉为"博导"，心甘情愿地给他当起了"研究生"，一旦不听从组织安排，紧箍咒就会像党纪国法一样发挥"专政"作用，窝囊男人终于在此时此刻展现出了他的另一面。

四大名著中唯一例外的是《红楼梦》，没有再为男人的窝囊歌功颂德，树碑立传。大观园里茁壮成长的贾宝玉虽脂粉气十足，手无缚鸡之力，但面对皇权、父权、夫权的淫威，有造反精神，敢于说"不"。可一旦走出大观园，天真烂漫的宝哥哥会不会也为了生计变得"灰头土脸"，开始夹着尾巴做人呢？我看这种可能性不是没有。

所谓"窝囊"，如果从字面上解读，就是龟缩在一个布袋里，不敢出头。谁都看不起窝囊，谁都想成为一个顶天立地的好男儿，谁也不想蜕变成窝囊十足的小男人，可是中国的文化传统，中国的现实环境，太容易滋生男人的窝囊本性。"好汉不吃眼前亏"、"大丈夫能屈能伸"、"识时务者为俊杰"、"难得糊涂"、"小不忍则乱大谋"、"事不关己高高挂起"、"枪打出头鸟"……这些古语古训就像一道道"紧箍咒"，把中国男人个个都训练成遵纪守法、忍辱负重乃至忍气吞声的"乖孩子"、"好男人"，男人的英气、硬气、锐气、豪气也就在这日晒雨淋中像一把生了锈的利剑一样渐渐失去了光芒。

　　前不久读了一本书《中国传统文化的陷阱》，作者是一个名叫端木赐香的大学女老师，端木老师在书中给中国传统的知识分子来了个心理分析，她认为传统知识分子一直存在四大心理障碍：招安情结、臣妾心态、怨妇心理和争宠心理。这使得几千年来的中国男人越来越远离指点江山、纵横恣肆的大气，而越发钻进自怜自艾、勾心斗角的小家子气里不能自拔。所以，只会靠哭来搏得同情、娘娘腔十足的刘备成了《三国演义》的正面典型；所以，文韬武略很有男子气的曹操反倒背上了"奸雄"的骂名永世不得翻身；所以，不学无术只能靠几首歪诗唬唬人的宋江才会莫名其妙地接了晁盖的班，顺便也把"聚义厅"改成了"忠义堂"，使得农民起义军彻底退化成朝廷的"鹰犬"；所以，热爱自由、向往平等的孙大圣最终居然也被窝囊师父唐三藏收拾得服服帖帖，由一个不畏强权的"五四青年"摇身一变成了统治阶级的"忠实卫士"；所以，中国才会积贫积弱，终于在19世纪中叶成了"东亚病夫"，倒在了西方列强

的枪炮下……

可悲的是，乱世之下的中国近现代文学，放眼过去依然是窝囊男人一统天下——阿Q、孔乙己、高觉新、汪文宣、祥子、老李、祁瑞宣……个个都是黑瞎子叫门——熊到家了！偶尔有个阿Q终于觉醒，不想窝囊下去了，还被当成乱党，判了死刑，拉出去给毙了！新中国成立后文艺作品中倒出了一批不怎么窝囊的男人，如杨子荣、李向阳、欧阳海，但又走向另一个极端，"高大全"得有点不食人间烟火了——难怪近百年中国文艺作品实在找不着有血有肉的硬汉，只好到日本男人那里找了，于是高仓健在上个世纪80年代的中国异军突起，成了"牛市"，成了男子汉的活标本。

值得庆幸的是去年一部歌颂军人浩然正气的《亮剑》平地起惊雷，在中国男人长期处于"熊市"的漫漫长夜里，人们终于开始呼唤阳刚之美，开始向往"仰天大笑出门去，我辈岂是蓬蒿人"的洒脱之气，开始追求"大江东去，浪淘尽"的豪迈之气。可是我担心，这很可能只是昙花一现，因为中国绝大多数的男人诚如林语堂先生所说，在步入社会前，是尖刀、是匕首、是刺猬、是利剑、是岩石、是原始森林，是一切坚硬的东西，可经过社会的层层打磨，会渐渐变成馒头、变成面团儿、变成海绵、变成鹅卵石、变成皇家园林，变成一切柔软的东西，这就是中国的社会！

看来，中国男人越窝囊，越能流芳百世！这大概也是中国男人在险恶江湖的生存之道吧！正所谓"生命不息，窝囊不止"啊！

男人一沉默，
夜色就来临

性感，常常用来形容一个人的外貌体态。当一个人的声音，尤其是一个男人的声音充满魅惑的时候，会让女人产生什么样的遐想呢？

有人说，男色养眼，男声怡情。男人的声音如果披上了性感的外衣，同样所向披靡，不仅女人缴械投降，男人也一样心悦诚服。记得上小学时，每次坐在那只有十二英寸的黑白电视机旁，就会莫名其妙地被一个老男人的声音所吸引：当成群结队的企鹅在漫天飞雪中穿越一片白茫茫的南极世界时，一个像上帝一般深邃沉郁的男声仿佛从天际传来，既像是声声的祈祷，又好似一团篝火，给那寒冷无比的冰天雪地带来了一丝的温暖——他就是赵忠祥。这个叫《动物世界》的专题节目让我一下子发现宇宙间竟有如此饱满浑厚、深沉浩渺的声音，以至于后来上语文课，我竟疯狂爱上了朗诵，爱上了演讲；以至于大学毕业后，我毫不犹豫选择了广播电台这样一个专门塑造"声音"的国度；以至于我后来在一个深夜情感节目当主持人，竟不知不觉的模仿起赵老师那宽厚的嗓音……

　　说起来也很可笑，那个节目只不过是给听众朋友念念他们写来的情书，再配上一曲婉转动听的流行歌曲。没想到一来二去，身为主持人的我倒沉浸其中了，每念一封信，我的情绪也不由自主的感伤了起来，于是中学时代学过的朗诵技巧便派上了用场，加上受赵老师"性感男声"潜移默化的影响，我本来还很青春的嗓音在夜深人静的时候听起来竟有一丝深沉和沧桑的味道。那两年收到的听众来信竟达两千封之多，很多都是情窦初开的小女孩，她们总是不厌其烦地告诉我，说我的声音多么多么好听。可能是因为老装深沉的缘故，不少听众来信都以为我是一个"人到中年"，孩子应该上中学了的"中年老男人"。以至于后来有听众向我索要照片，我只要一寄出去，没过几天就会收到人家的回信，基本上都是质疑我是不是搞错了，把我儿子的照片给发出去了。

　　上了中学，一度又迷上了童自荣的声音。如果说赵忠祥的声音就像大地一样苍茫，童自荣的声音则像皇宫一样的华丽。看了《佐罗》、《黑郁金香》，既讶异于阿兰·德龙外形的潇洒挺拔，也沉醉于童自荣那如王子般华美的高音。很长时间，阿兰·德龙和童自荣在我心目中早已合二为一。阿兰·德龙一张嘴，我相信吐出的必然是童自荣那优雅流利的标准普通话，童自荣呢，也应当长了一张好似佐罗一样刚毅俊朗的洋面孔。记得我第一次在电视里看见童自荣的"庐山真面目"时，竟一时难以相信——这个始终为阿兰·德龙幕后代言的中国男人竟长了一张与他相去甚远的

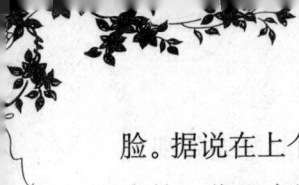

脸。据说在上个世纪80年代的上译厂，童自荣是收到观众来信最多的一位配音演员。有的女孩子说，第一次听童自荣的声音，感觉自己就像童话故事里面那个灰姑娘，心里开出了一朵羞涩的小花，再多听几回，恍惚之间以为自己就要穿上水晶鞋，等着心爱的白马王子来接了——这大概就是"性感男声"的魅力吧？

有人把"性感男声"分为两种，一种是保护型的：听到他的声音，就像听到父亲和兄长语重心长的教诲，有一种被呵护的感觉；一种是外套型的，犹如把自己美丽的身体裹在一个大羽绒服里，绝对贴心。赵忠祥无疑是属于前者，童自荣则是当之无愧的女人心目中的"贴身小棉袄"。

都说女人最怕男人的甜言蜜语，何况这甜言蜜语又是出自一个"性感男声"那充满磁性的嗓音？这个时候，女人会不会尚未交锋就乖乖地自动投降呢？有一回，和一个女白领讨论了半天，她却说，甜言蜜语也好，性感男声也罢，初听也许心旷神怡，听多了，就会像老陈醋一样腻歪、厌烦。"就算你再喜欢赵忠祥，他总不能天天给你讲《动物世界》吧；再迷童自荣，如果一个王子般的声音无时无刻不在你耳边徘徊，你也会觉得做作。这个时候，男人适当的沉默也许更能撩人心扉。"

记得一个女作家说过这样一段话："男人一沉默，夜色就来临了，把女人给裹在里面，女人对于夜色，既有着无法克服的畏惧，又有着令人神往的迷恋，再飞扬跋扈的女人，也会被夜色征服的。"是啊，不要小看这沉默，它有时也是男人的一块试金石。比

起看似无坚不摧的"性感男声"，沉默的男人往往更神秘、更深邃，也更有力量，在沉默的男人面前，凭着三寸不烂之舌喋喋不休的男人就难逃浅薄庸俗之嫌了，这大概也是一种"无招胜有招"吧？

想想曾经为高仓健、克林特·伊斯特伍德着迷的女人们，也许，你会坚定不移地相信，沉默，有时候反而是男人最性感的秘密武器。

Chapter 3

今天你要嫁给谁

Ideal marriage?

男人跟股票一样，也分几种，
有的是绩优股，有的是潜力股，
还有的则是垃圾股。
女孩子在婚前选择另一半，
是瞄准事业有成的绩优股，
还是选有发展前途的潜力股，
要慎之又慎，三思而后行。
男人就跟股市一样有风险，
挑选、入市需谨慎！
别一心奔着绩优股而去，
最后却选了一只垃圾股，
而那时潜力股又错过了，
悔之晚矣！

女人该嫁绩优股男人还是潜力股男人？

好男人是主题曲，
坏小子是插曲

我想绝大多数男人在内心深处都曾经有过这样一个梦想：家里养个老婆，外面有个情人。其实女人也会产生类似的想法：找个爱我的男人做老公，找个我爱的男人做情人；找个像格利高里·派克那样德艺双馨的好男人做老公，再找个像马龙·白兰度那样浪荡不羁的坏小子做情人。

虽然我也是个男人，但我也非常喜欢格利高里·派克和马龙·白兰度。一方面，他俩有着太多的相似之处：都是奥斯卡影帝；都是好莱坞黄金时期叱咤风云的超级巨星；都是英俊潇洒、风流倜傥的大帅哥；都受全世界影迷的追捧和爱戴。

可是，他们又如此不同。两位巨星在行为举止、为人处事乃至感情生活方面几乎可以说是"你走你的阳关道，我走我的独木桥"。

先说派克。他举止优雅，品德高尚，堪称现代绅士的最佳典范。据说每一位跟他合作的导演、演员都对他的人品赞不绝口，从来没有任何人在背后讲过他的坏话。正是这种极佳的人缘，使派克后来众望所归地出任美国演员工会会长和美国影艺学院院长两大要职。据美国媒体报道，当了官以后的派克并没有沾染官僚主义习气，相反，他坚持从群众中来，到群众中去，急公好义，助人为乐。至于他为美国的种族歧视大声疾呼，为其他弱小国家伸张正义更是为全世界进步人士所景仰。有人说，无论是在银幕上还是生活中，派克都在告诉我们怎样做一个真正的绅士：香车华服、彬彬有礼不是关键，更重要的是知道什么是正义、分得清黑白是非。

更为难得的是，外表风流倜傥的派克尽管在银幕上与英格丽·褒曼、奥黛丽·赫本等数不清的人间尤物花前月下、左拥右抱，可他并没有把风流小生的做派带到生活中。他一生只离过一次婚，自从1948年与第二任妻子结婚以来，派克始终感情专一，这一点据说最让好莱坞的职业狗仔队恼火——他居然从不闹绯闻，真正做到了"坐怀不乱真君子"。在三个子女面前，他也备受尊敬。在一些明星私生活如同公共厕所一样脏乱不堪的好莱坞，派克创造了一个奇迹：不仅是个好演员，而且是个好丈夫，好父亲，更是个不折不扣的好男人！

再看看马龙·白兰度。如果说派克是好莱坞的"耶稣"，同样拥有一副帅哥外表的他活脱脱就是一"魔鬼"、"撒旦"。五十年前，全世界的无产阶级在迎来了自己的情圣——《欲望号街车》里面那个总是满不在乎、粗言秽语但却健美异常、性感无比的工人斯坦利的同时，好莱坞也在为一位天才演员的诞生而欢呼。白兰度的形象、白兰度的表演从某种程度上来说开了好莱坞的荤——从来没有一个流氓如此招人喜欢，从来没有一个恶棍这样令人爱戴。可好莱坞万万没有想到，这个银幕上的"魔鬼"竟将这种"流氓习气"毫不掩饰地带到了银幕下、生活中，而且彻底地发扬光大了：拍戏迟到、不记台词如同家常便饭，与制片人、导演恶语相向甚至大打出手对他来讲更是小菜一碟。对人人奉为最高荣誉的奥斯卡他竟公然拒领。几乎所有跟他共过事的制片人都骂他是"魔鬼"，甚至连喜剧大师卓别林和他合作仅三天后就当面数落他："你演戏是天才，可你做人却是个失败者！"

白兰度私生活方面的紊乱也堪称登峰造极：一生离过三次婚，情人不计其数，儿女多得连自己都搞不清楚，光警察局登记在册的就有 15 个。他的儿子如同《教父》中的迈克尔一样杀害了自己亲妹妹的男友，却无法像个真正的黑手党人那样不受法律的制裁；在《巴黎最后的探戈》中，白兰度倒在了自己情人的枪下，具有讽刺意味的是，现实生活中却足足有六名情妇为他自杀。

这就是马龙·白兰度，被美国总统布什、被西方各大媒体称为有史以来最伟大的演员的白兰度。

如果把男人比作一首歌，有的男人只不过是一支短暂的插曲，尽管它也曾洞彻心扉，但却很快就曲终人散了。有的男人则是一首永恒的主题曲，从始至终都在深情地演绎着，直到生命的终结。一个女人的一生，可以有几支插曲，作为青春岁月的回响，但贯穿始终的仍是主题曲。如果你有幸遇到了像派克和白兰度这样性格迥异的两个男人，你会选择谁作为主题曲？谁作为插曲呢？

有一回我去参加一个朋友的party，碰巧和两个女孩子聊到这个话题，其中有一个女孩有点不好意思地告诉我，假若两个男人她

都难以割舍，她会选择派克这样的好男人做丈夫，白兰度这样的坏小子做情人。另外一个女孩则笑得咯咯响，说我要是爱上白兰度这样的坏小子又被派克这样的好男人同时爱上那该多幸福！

要嫁就嫁汤姆·汉克斯这样的男人

身边常有女人问我这样一个问题：如果嫁人，最好嫁什么样的男人？这个时候，我往往是不假思索地脱口而出：汤姆·汉克斯。这个长着小肉鼻头，外表看上去憨憨直直的中年男人堪称优秀男人的标准，模范丈夫的楷模。嫁了他你才不会婚后担惊受怕，怕老公变懒怕老公学坏，怕他不像以前那样疼你了，怕他情感出轨到处外遇。总之，嫁了汤姆·汉克斯这样的男人，你基本上就跟买好了养老保险签订了万年合同一样，他绝不会提前解约中途违约，他就是刘德华在舞台上曾经深情唱过的《爱你一万年》中那个要和你一生一世相守的男人。

也许作为一个追求幸福的女人，你会情不自禁地问，在男人有钱就变坏，没钱也学坏的浮躁年代，汤姆·汉克斯真的有那么大魅力吗？真的就那么值得一个女人对他托付终身吗？

我想说是的。这个世上没有神，但有接近神一样的男人；这个世上没有完美的男人，但有接近完美的男人。他，就是汤姆·汉克斯。

谁可以轻而易举地创造十亿美元票房？谁可以不费吹灰之力就蝉联奥斯卡影帝桂冠？谁又是好莱坞新好男人的样板？答案也只有一个：汤姆·汉克斯。

　　自1979年处女作《他知道你很孤独》上映以来，28年间汤姆·汉克斯主演的电影全球累计票房已经超过22亿美元，票房号召力超过了史泰龙、施瓦辛格，与汤姆·克鲁斯、哈里森·福特不相伯仲；更因《费城故事》与《阿甘正传》，连续两年获得奥斯卡影帝殊荣，成为继上个世纪30年代斯宾塞·屈赛之后唯一的奥斯卡连庄影帝，也是五十年来奥斯卡第一人。

　　汤姆·汉克斯还创造了一个奇迹：早在2001年，他就获得了美国电影学会颁发的终身成就奖，那一年，他刚满47岁，成为终身成就奖创办三十年来最年轻的获奖者，可见其功力之深，魅力之强，不说是美国电影界的"泰山北斗"吧，至少也是打遍天下十几年未遇敌手的"独孤求败"。如此功成名就的男人，你说完美不完美？

　　更为难得的是，汤姆·汉克斯在要风得风要雨得雨的情况下，还守身如玉坐怀不乱，在"结婚是错误，离婚是醒悟，有情人是人物，没情人是废物"的花花世界中，汤姆·汉克斯居然练就了一副金刚不坏之身，成为了新好男人的样板，你说这样的男人你都不嫁，那真是你的损失！

　　如果说银幕上下的莱昂纳多·迪卡普里奥、布拉德·皮特是属于"爱你十分泪七分，你却毫无眷恋地转身。无法平息的伤痕，感情你总是两头分"（借用裴海正的一首《爱你十分泪七分》的几句歌词）这样的不羁浪子的话，汤姆·汉克斯偏偏却是属于"嫁得放

心、看得舒心、用得省心"（简称"三心牌"）这样一个男人。倘若你是一个到了适婚年龄的女孩，你要嫁人，请不要嫁给别人，一定要嫁汉克斯这样的男人。嫁了他你这辈子也不会担心他有婚外恋，因为汉克斯属于那种"心动也不会行动"的男人，他可能会对一个女人心动，但他永远不会行动，因为他始终会坚守一份责任感，所以说你嫁他绝对放心。据说生活中的汤姆·汉克斯只有两次婚史，自上个世纪 80 年代末遇到他现在的太太，就一直夫唱妇随、相敬如宾，在"今天结、明天离、后天再结、大后天又离"的好莱坞，汤姆·汉克斯的私生活就像小葱拌豆腐一样一清二白。有人说，他是继派克之后好莱坞又一个完美无缺的好男人。

所有的女人嫁给他都放心，这个男人永远不会有婚外恋；所有的母亲有这样一个儿子都放心，会一心一意为她养老送终；所有的儿子有这样一个父亲都放心，他不会因为逃学、考试不及格挨揍；所有的领导有这样一个下属都放心，他永远都会勤勤恳恳、兢兢业业；所有的下属有这样的领导都放心，永远不用担心被炒鱿鱼。总之，汤姆·汉克斯同志是让所有的人都放心的这么一个男人，堪称"德艺双馨"的模范。我觉得他是好男人中的"十全大补丸"。难怪他被称作"师奶杀手"——实际上不仅"男女通杀"，还"老少通吃"。

记得当年《阿甘正传》作为最早的进口大片引进中国的时候，我还在一家报社当记者，报社当时有一同事也姓甘，这位同事平时特别不起眼，戴一副眼镜，整天罗锅着，一天到晚不声不响，就知道埋头苦干。我们给他起了外号叫"老蔫"，总之是一"窝囊男人"。

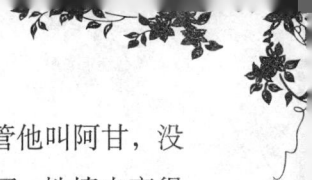

《阿甘正传》席卷内地之后，我们大伙儿见了他全管他叫阿甘，没想到这么一叫他整个人就"雄起"了，腰板也挺直了，性情也变得开朗了许多，还跟同事开玩笑说："你看我美国还有一兄弟，也叫阿甘。"

一部电影从此改变了一个人！这既是阿甘的迷人之处，也是汤姆·汉克斯的人格魅力所在。其实，从《西雅图夜未眠》到《阿甘正传》，从《拯救大兵瑞恩》到《荒岛余生》，我总觉得无论是银幕上，还是生活中，汤姆·汉克斯都像是阿甘的孪生兄弟。我有时又觉得他特别像《射雕英雄传》里的郭靖，大智若愚，大巧若拙，所以美国人喜欢他，中国人也接受他，美国人在他身上找到了新好男人的标准，中国人在他身上看到了儒家文化的影子。我认为，近两年，东西方有两个人撑起了好男人的一片天空，东方是李安，西方是汤姆·汉克斯。他们俩尽管性格气质迥异，文化背景也不同，但却有明显的共通之处：都是那么的温文尔雅、知书达理，都"有容乃大，无欲则刚"，可谓深谙"中庸之道"，都是男人中的"极品"。

所以从某种程度上讲，如果布拉德·皮特、汤姆·克鲁斯是典型的"外酷"的话，汤姆·汉克斯则是地地道道的"内酷"！所有在爱河中沉迷的女人们，醒醒吧，汤姆·汉克斯这样的男人才是你的救生圈。看看四周，有没有这样"三心牌"的好男人，要有，哭着喊着也得嫁，否则机不可失，时不再来！

女人该嫁绩优股男人还是潜力股男人？

中国已步入"全民炒股"的年代。据说，如今股市牛到不仅政府官员炒，公司白领炒，家庭主妇炒，退休的居委会大妈也不甘人后。股票炒得入神了，渐渐地咱们人也被当成股票了。

最近我认识了一个尚未出嫁的"白骨精"（白领、骨干、精英的简称），炒股小赚了一笔，很是得意。我问她打算何时结束单身生活，她不慌不忙地告诉我：找男人也跟炒股一样，要看准才入手，否则钱没赚来，反倒血本无归。最后，她总结：男人跟股票一样，也分几种，有的是绩优股，有的是潜力股，还有的则是垃圾股。前两种男人走过路过千万不要错过，后一种男人哪怕遇上撞上也千万不要爱上，否则苦海无边，想回头也找不着岸。

"白骨精"评判男人的标准不禁让我莞尔。记得小时候奶奶告诉我，男人分两种：一种是好男人，一种是坏男人，奶奶千叮咛万嘱咐让我将来一定要做个好男人。步入社会以后要考虑成家立业的问题了，单位的老大姐又提醒我，男人还分两种：一种是有

钱的男人，一种是没钱的男人，要想日子过得舒坦将来找的老婆漂亮，最好当有钱的男人。如今科技发展日新月异股票行情日益高涨，男人干脆被股票化了！看来当绩优股男人最牛，品学兼优、气宇轩昂、经济实力雄厚、事业如日中天，向左走是豪宅名车，向右走是娇妻美眷，绝对是站在金字塔尖的成功男士。可环顾四周，有几个是春风得意的绩优股男人？我想绝大多数都还是像我等这样在人生的二万五千里长征中艰难跋涉的潜力股男人，也许暂时还囊中羞涩一贫如洗，但潜力无穷能量巨大，有远大理想有鸿鹄之志。

还有一种男人，整天无所事事浑浑噩噩，今朝有酒今朝醉，当一天和尚撞一天钟，俗称"垃圾股"。这种男人领导看不顺眼亲人看不起眼女人也看不上眼，如果再薄情寡义点，他身边的人就更倒霉了，就像《三言二拍》里面那个纨绔子弟李甲，吃喝嫖赌一样不缺，最后生生把一个一心想跟着他从良的名妓杜十娘当成赌债输给了别人。你说杜十娘也算冰雪聪明的一个奇女子，怎么就看不出这浑小子就是一彻头彻尾的垃圾股呢？看来女人懂点股票也有好处，至少不会再重蹈杜十娘的覆辙。

由杜十娘有眼无珠错跟了一个垃圾股男人，我又想到了历史上另外两个同是歌妓出身的奇女子。

明末清初，位列江南四大名妓之一的柳如是就很会挑丈夫。柳如是本名爱柳，因读辛弃疾词"我见青山多妩媚，料青山见我应如是"，故自号如是。柳如是幼即聪慧好学，但由于家贫，从小就被卖到吴江为婢。妙龄时坠入章台，易名柳隐，在乱世风尘中飘零于

江浙金陵。由于她美艳绝代，才气过人，遂成秦淮名妓。据说当时不少名流富贾都对她垂涎欲滴。但柳如是心气极高，什么大款农企好男快男一概看不上眼，她唯独看上了年过半百的文坛泰斗钱谦益，居然公开声明："天下惟虞山钱学士始可言才，我非才如学士者不嫁。"柳如是可不是杜十娘，只会被"好男"的英俊长相或豪门出身所蛊惑，她的眼光的确独到：钱谦益不仅才华横溢，是名满天下的文坛领袖，而且还富甲一方，官至礼部尚书，相当于现在的文化部长！除了岁数大点，人家可是标准的"才子"加"财子"，拥有房子车子位子，是典型的绩优股男人。钱谦益呢，也投桃报李，"天下有怜才如此女子者耶，我亦非才如柳者不娶"。老先生不仅大张旗鼓地把这秦淮名妓娶回家，还挥笔写道："买回世上千金笑，送尽生平百岁忧。"

婚后，两人日夜厮守，一起赋诗作文，著书立说。据载，柳如是学问奇高，钱谦益作史书，柳如是能随时为他查证资料。于是钱谦益在他的书斋后另造了一座藏书楼，专门供柳如是读书，命名"绛云楼"，尊柳如是为"绛云仙子"。有红学家认为，曹雪芹设计的绛云轩其实就是来自柳如是的绛云楼。

柳如是命好，找了一个绩优股男人，虽是老夫少妻倒也其乐融融。但隋唐更替之际也有一个歌妓，放着身边的绩优股男人不要，偏偏看中了一个当时不名一文的潜力股男人，还与之私奔，最后宝押对了，不仅望夫成龙，还成了风光无限的一品诰命夫人。

她就是唐朝开国元勋卫国公李靖的夫人红拂。

"红拂夜奔"的故事大家应该听说过吧？红拂是隋炀帝的宰相

杨素身边的一名歌妓。据说红拂在杨府并没有名字，只因她每天捧着一柄红色拂尘站在主人身边，久而久之，大家便唤她"红拂"。这杨素可了不得，不仅是当朝一品，还是前朝托孤重臣，可谓权倾一时，按照现在的话，那也是不折不扣的绩优股男人。但红拂不知道为什么就是看不上这死老头子，却偏偏对当时还是一介布衣的小伙子李靖产生了浓厚的兴趣。

李靖当时也算是"长漂一族"（在长安漂着的，跟如今的"北漂"类似），带着年轻人的梦想来首都长安碰碰运气。大概听说宰相杨素那里招贤纳士，就跑过来应聘了一回。自然没被杨素看上眼（否则隋朝就不会灭亡，历史就要改写了），可没想到站在杨素身边的这位红拂姑娘却"慧眼识英雄"，越看越顺眼。当晚，红拂就神不知鬼不觉地一个人跑到李靖住的出租屋，向他大胆示爱。俗话说得好，"男追女隔座山，女追男隔层纱"，何况又是一位能歌善舞的漂亮美眉！接下来的故事不用我说大家全都猜到了——两人连夜私奔。于是，继汉朝的卓文君之后，中国历史上又一个以私奔著称的奇女子诞生了！不过，红拂运气还算不错，不像卓文君那么倒霉，私奔到头撕碎了一颗心，错跟了一陈世美。红拂选的这只潜力股不仅胸怀大志且有情有义，最后跟着李世民打天下成了开国元勋，自己也夫荣妻贵美名远扬！

红拂夜奔的故事告诉我们，世间万物不是一成不变的，男人更是如此。女人要用发展的眼光看男人，潜力股会变成绩优股，绩优股也会变成垃圾股！试想如果红拂不来个浪漫的夜奔，长年累月守着杨素这个绩优股老男人醉生梦死，等到隋朝灭亡那天，估计美丽的姑娘就要跟杨素这些遗老遗少一样沦为腐败王朝的殉葬品了。到

时候，甭说当什么一品夫人，小命都保不住啊！

所以，女孩子在婚前选择另一半是瞄准事业有成的绩优股还是选有发展前途的潜力股，要慎之又慎，三思而后行。男人就跟股市一样有风险，挑选、入市需谨慎！别一心奔着绩优股而去，最后却选了一只垃圾股，而那时潜力股又错过了，悔之晚矣！

"才子佳人"式的婚姻为何存活率低？

小时候看地方戏曲，读古典名著，特别羡慕那种"才子佳人"式的爱情故事，无论是梁山伯与祝英台，张生和崔莺莺，抑或宁采臣遇上聂小倩，都是一个郎才，一个女貌；一个满腹经纶，一个美若天仙。末了，绝大多数还"有情人终成眷属"，真是如花美眷羡煞旁人。那个时候正值青春发育期，读到如醉如痴处，居然幻想自己坐上了时空穿梭机到了古代，也来了个"洞房花烛夜"、"金榜题名时"。记得有一回坐在电视机旁看《梁祝》，看着看着，恍惚间电视里那个跟祝英台打情骂俏的梁山伯变成了自己，现在想起来确实滑稽得很。

长大了才知道，所谓"才子佳人"式的婚姻只不过是镜中月水中花，是中国古代文人一厢情愿甚至有点自欺欺人的想法。在《西厢记》里，张生和崔莺莺倒是"有情人终成眷属"了，可现实生活中，张生的原型——《西厢记》原作《莺莺传》的作者——唐代著名诗人元稹却是个彻头彻尾的"负心汉"。李商隐早年曾和一个美

男人不说，女人不懂

He keeps words, she keeps puzzle ...

貌的女道士心有灵犀情投意合，可世俗的偏见却不容许这段爱情开花结果，于是在"嫦娥应悔偷灵药，碧海青天夜夜心"、"此情可待成追忆，只是当时已惘然"的声声血泪中，李商隐相思成灾，不到五十岁就以身殉情了，"才子佳人"的美梦只有到天国里去实现了。

这些年在文化圈浸淫，见惯了才子佳人的分分合合，他们当初都是鸳鸯戏水比翼双飞，到头来，全都由"同林鸟"变成了"分飞燕"。连全世界影迷当初都羡慕得直流口水的"世纪情侣"劳伦斯·奥利弗和费雯丽，在二十年的相濡以沫之后都不得不上演一出"哈姆雷特诀别奥菲莉亚"的爱情悲剧，遑论他人乎？

记得梁实秋曾经不无幽默地说过：在历史书籍里与一个诗人相逢你会油然而生一种崇敬之情，倘若在你家隔壁住着一个诗人那便是笑话！同样道理，在电影里你爱上了一个诗人那是种浪漫，在生活中你嫁给了一个诗人往往是场灾难。诗人肩不能挑手不能提，更不会为了你朝九晚五地去上班挣钱养家，一旦才思枯竭写不出个子丑寅卯来收入就断了来源，这个家还怎么维持？像琼瑶小说《在水一方》里那个空有满腹才华却一个字也写不出来且一贫如洗的穷酸书生卢友文，除了那个善解人意的杜小双，试问，哪个想居家过日子的女孩子能受得了？

才子看佳人，第一看容貌，佳人爱才子，首先爱才华，但男人的才华和女人的容貌一样不持久，容貌会衰老，才华也会贬值。如果你是因为仰慕一个男人而嫁给他，那么，你会失望的。他不是万世师表，不可能每句话都充满智慧，无时无刻都在鞭策自己

上进。跟他共同生活之后，你会发现，他也不过是一个凡人。到了十年以后，当他江郎才尽，你是不是就不再仰慕他甚至开始有点嫌弃他了？觉得他不过是个凡夫俗子而已，跟隔壁当年苦苦追你的那个王小二没多大区别，说不定干家务疼老婆还不如人家！

　　同样，如果你是因为迷恋一个女人的美貌而娶她，那也是很幼稚的，美人总会有迟暮的那一天，日子久了珍珠也会变成鱼目，到时候她华发丛生皱纹密布，你还爱不爱她呢？

　　男人的才华和女人的青春，迟早有一天会"打折"的。居家过日子，要看的早已不止是这些。倘若一对夫妇整天靠这个来维系生活，基本上就要喝西北风了。可"才子佳人"看不到这些，热恋的时候他们只看到罩在彼此身上耀眼的光环，结婚以后，才子继续风流自赏，佳人只会顾影自怜，两个自视清高的"梦里人"生活在一起，您说这日子咋整？

有钱人终成眷属

大约是两年前，我做客一档婚恋节目，女主持人最后说结束语时，估计是舌头没听使唤，一不小心就把"愿天下有情人终成眷属"给说成了"愿天下有钱人终成眷属"，惹得现场观众哄堂大笑，女主持人也羞红了脸。谁知一年之后，所谓"有钱人终成眷属"竟然成了调侃意味浓厚的网络流行语。

我一直相信一句话：存在的即是合理的。想当年，"有情人终成眷属"深入人心，是因为在包办婚姻横行霸道的封建社会，男婚女嫁都是遵循父母之命媒妁之言，男女双方甭说自由恋爱，连婚前见个面说句话都不符合那个年代的道德规范，所以才会有了脍炙人口的《西厢记》、《牡丹亭》，才会有崔莺莺和张生一见钟情、杜丽娘梦中私会柳梦梅的大胆描写。当然中间免不了悲欢离合甚至九死一生的情节，最后，肯定是守得云开见月明，天下有情人终成眷属。相信这不仅是戏曲舞台上才子佳人的最终归宿，也代表了那个时代对郎才女貌式的理想婚姻的善良期许。

小时候我也相信有情人终成眷属，长大步入社会了，接触柴米油盐了，才明白所谓才子配佳人，美女爱英雄只不过是神话，是传统文人白日做的黄粱美梦，是善良的观众一厢情愿的美好愿望。它经不起生活的磨砺，更挡不住岁月的冲刷。大美女七仙女和穷小子董永你耕田来我织布的逍遥日子，永远是一个美丽的传说。试想，董永只是一个贫下中农，天天穿的是破衣烂衫，吃的是粗茶淡饭，身为公主的七仙女嫁给他，头一两年大概鉴于爱情的伟大力量，暂时不予计较，长年累月下来，这朵从小在温室里长大的花还能一如既往无条件地高唱"爱的奉献"吗？就算七仙女嫁鸡随鸡嫁狗随狗，跟了董永后彻底丢掉了公主千金娇生惯养、好逸恶劳的臭毛病，成功转型为一个温柔贤慧的劳动妇女，可是贫贱夫妻百事哀，七仙女在人间失去了仙术，为了维持生计，夜夜织布到天明，加上没钱买高档化妆品，很快就早生华发了，眼角鱼尾纹也提前来报到了，不到十年就沦为"黄脸婆"的她还能牢牢地抓住董永的心吗？万一董永后来发家致富做起了大买卖，再目不转睛地盯上村里正当妙龄的牧羊女美眉咋办？到那时，七仙女的爱情理想，在残酷无比的红尘琐碎生活面前就会被击得粉碎。李宗盛先生在《凡人歌》里所慨叹的"多少同林鸟，已成分飞燕"的爱情悲剧大概就要在这对神仙眷侣模范夫妻身上上演！

　　《泰坦尼克号》这部超级哭片大家想必还记忆犹新吧。当时坐在电影院里我是无比深切地"感同身受"了观众的泪如雨下。然而，套用洪晃女士一句评语，"这只不过是一个头等舱的千金一瞬间爱上了一个末等舱民工的故事"。洪晃女士给这个浪漫爱情的定义只不过是场艳遇。什么是艳遇，洪晃女士为此专门写的一篇文章中下了两个定义。第一个定义为：当感情超越了社会阶层和社会圈子；第二个定义为：必须是没有结果的，只是为了一瞬间干的混蛋事情。如果艳遇还能导致婚礼这么正经的事，就不叫艳遇了。所以，《泰坦尼克号》火就火在千金小姐和民工画家的爱情是无言的结局。如果船没沉，民工画家没死，还和千金小姐上了岸，结了婚，登了记，恐怕爱情就得"呼叫转移"，中国的七仙女和董永的狼狈不堪的婚后生活还得漂洋过海移植到金发碧眼的两个金童玉女身上。到时候不仅那颗"海洋之星"不存在了，这个"爱情恒久远，钻石永流传"的爱情故事也得跟过期的凤梨罐头一样彻底发馊！

不是我不知道，这世界确实是变化快！

最近一个女作家送了我一本她的作品，在这本题为《一个智性小女子的原生态生存手记》的作品中，她的一篇《相信爱情还是相信金钱？》的文章让我感触良多。她认为，女人应该既相信爱情也相信金钱。因为爱情你获得了金钱，是你的福气，也是你的运气；没有金钱的爱情是空中花园，海市蜃楼，挺不下去的。金钱不是爱情的目的，但没金钱做旅费，你美好爱情的帆船就会搁浅，因为旅程所需要的面包和汽油是要用金钱去买来的。实在不是我们嫌贫爱富，而是女人的天生丽质，宛如小鸟的羽毛，特别脆弱，需要养尊处优，小心呵护。末了，女作家代表广大渴望呵护的女同胞提出共同愿望：我们要嫁的如意郎君最好是一个有钱的好男人，或者是有升值潜力只是暂时囊中羞涩的好男人。这话的潜台词就是：男人得有钱，即使现在没有，将来也得有。

照这个女作家的说法，董永也好，《泰坦尼克号》里面那个民工画家也罢，都得被pass。除非一个发家致富做起了大买卖，一个画的画卖出了好价钱够买得起两室一厅的房子。

看来"有钱人终成眷属"如今迅速上位，成了网络流行语，也是与时俱进的产物。它告诉我们一个人人都知道但未必人人参得透的道理：金钱不是万能的，但没钱万万不能。

不过有时候我也很困惑，从我囊中羞涩为请女朋友去哪家餐厅吃饭才能经济合算的那一天开始，我就知道浪漫不可以当饭吃，才子佳人式的理想婚姻之船经不起风浪。但一旦传统的"男才女貌"婚恋观变成"男财女貌"，女人全都凭着年轻美貌待价而沽，男人拿着成捆的钞票像投资生意一样投资婚姻，那岂不应验了张爱玲当年的一句愤世嫉俗的名言"婚姻某种程度上就是把男人嫖娼和女人卖淫给合法化了"？到时候，会不会家将不家，国将不国了？

"鲜花美女"为啥总嫁"牛粪男人"？

今年十一长假结婚者甚多，一老友参加完女同学的婚礼后闷闷不乐，问之何故，答曰：女同学当年貌美如花，气质如兰，谁知竟下嫁给了一位脑满肠肥的"暴发户"。末了，老友忿忿不平地说了一句：一朵鲜花就这样插到了牛粪上。

何为鲜花？美女是也；何为牛粪？这就仁者见仁智者见智了。正所谓一千个读者心目中有一千个林黛玉，一千个老百姓眼中也有一千坨"牛粪"。对于林黛玉这样艺术气质型的少女来说，最后嫁的如果不是宝哥哥而是薛蟠这样的土财主，那肯定就是插在牛粪上了，可遇到夏金桂这样俗不可耐的女人，嫁了薛蟠那就不是牛粪，而是十足的牛瓣了！

熟悉中国传统戏曲小说的人都知道，英雄爱美女，才子配佳人，那是天经地义。连《红楼梦》里那个一把岁数还想把丫鬟鸳鸯纳为偏房的老色鬼贾赦都酸溜溜地说："自古嫦娥爱少年，她（指鸳鸯）不肯跟我，多半是看上了宝玉，止不定还有贾琏呢！"贾赦这话说得在理儿，古时候的妙龄女郎都是对着风流俊俏少年来思

春，没听说哪个少女会把六七十岁的糟老头子当成"白马王子"来幻想，或整天捧着个像猪八戒一样大腹便便的"呆头鹅照"直抹眼泪的！

可惜造化弄人，美女跟了英雄也好，才子也罢，未必有龙凤呈祥的美满结局。中国历史上的经典美女如虞姬、貂蝉、陈圆圆者，皆遭不幸！虞姬跟随楚霸王项羽，名冠天下，然乌江一役四面楚歌，终不免自刎而亡，空留一曲哀婉的《虞美人》！貂蝉被主人王允当作了"连环美人计"的一个诱饵，先侍董卓，后嫁吕布，好不容易和有"人中吕布"之称的当世第一帅哥吕布双宿双栖，谁曾想最后大帅哥死于白门楼下！陈圆圆为了吴三桂饱受骂名，最后遁入空门了却残生，真是应了那句老话"自古红颜多薄命"！我想，如果当初这些绝世美女们不是中了三流言情小说的毒，非要死心塌地嫁什么英雄才子美男，而是寻一处平常百姓人家，找一个像猪八戒这样的"牛粪男人"，兴许人生虽然平淡，但总归是幸福，至少不用整天那么担惊受怕吧！这年头，演艺圈一众鲜花美女们似乎是活明白了，不再处心积虑地做"才子佳人"梦，而是心甘情愿地往牛粪堆儿里扎：人间仙子奥黛丽·赫本没有选择"罗马情人"派克作为终身伴侣，而是把自己的后半生交给了一个其貌不扬的外科医生；性感尤物索菲亚·罗兰尽管在银屏上与无数英俊小生风流快活，银幕下却跟一个比她大二十岁的胖老头子（意大利一位著名的制片人）厮守到老……

也许有人会问，鲜花为什么总是甘愿插在牛粪上，就不怕牛粪的恶臭玷污了自己的绝世美貌吗？我理解，牛粪虽然有时臭气熏天，但货真价实，内涵丰富，通常"败絮其外，金玉其中"。而且

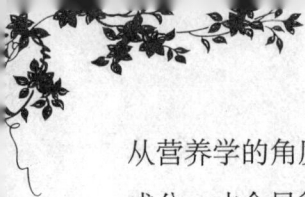

从营养学的角度来看，鲜花只有插在牛粪上，吸取了牛粪中的营养成分，才会显得更为光鲜亮丽。所谓，红花虽好，还需绿叶扶持，鲜花只有插在牛粪上，才能以牛粪的恶俗衬托出鲜花的美丽。俗话说得好：庄稼一枝花，全靠粪当家啊！

为什么美女嫁才子俊男的反而越来越少了呢？在如今花样美男遍地开花的年代，一个帅到可以用"鲜花"来形容的男人，必然也是娇嫩的，两朵鲜花配在一起，都想争奇斗艳，没有牛粪作烘托，谁也没有甘当牛粪的奉献精神，最后竞相开放的两朵鲜花只能是竞相枯萎了！当初我就不明白林青霞遇上秦汉，本是天作之合，一个金童，一个玉女，再没有比他们更般配的了，为什么林青霞还要改嫁他人？前不久看了一本《林青霞画传》，我算是明白了，英俊潇洒的将门之子秦汉（其父是国民党高级将领，当年官居上将）实际上也很"娇贵"，岁数不小了还时不时耍点少爷脾气。据说林青霞在香港拍戏那段日子孤苦伶仃，经常给秦汉打长途电话诉说相思之苦，有次央求秦汉过来看她，这位"白马王子"竟然毫不客气地让对方出机票钱，林美人生生答应之后，"白马王子"还跟身边朋友说：机票出了我还未必有时间过去呢！是啊，自古只有丑男、肥男心甘情愿地甘当牛粪，帅哥身边美女如云，加上帅哥也需要别人来烘托陪衬，哪儿还顾得上"鲜花美女"的感受？所以"好汉无好妻，赖汉娶娇妻"也就成了一条不成文的定理了。

老牛吃嫩草

有一次和一个女作家谈到如今的大龄"剩女"为何越来越多，女作家很无奈地说了一番话："中国传统的婚姻模式一直就是男强女弱，这不光体现在文化程度和经济基础上，也体现在年龄上。二十多岁的男孩子想找二十多岁的女孩子结婚，三十多岁四十多岁甚至五六十岁的老男人也想找一个二十多岁的女孩子，那三十多岁四十多岁的女人怎么办，只好成剩女了！"

在我看来，女作家的话可谓一针见血。甭说五六十岁的老男人"人老心不老"，自从82岁的科学家娶了28岁的美貌娇妻，香港某小天王的老爸就艳羡不已，直言这是他学习的好榜样。这边厢，老科学家刚和少妻双宿双飞，那边厢，69岁的天王老爸就带着22岁的新女友左拥右抱地走进了香港狗仔队的视线里。前两年，拥有巨额私人财产的世界传媒巨头执意要与比他小38岁的华裔女子结婚，不仅使他的前妻和孩子们难以理解，就连他的新闻发言人也瞠目结舌："我唯一要说的就是没什么可说的。"真是，老牛吃嫩草，一个都不少！

由于工作关系，我也接触了不少财大气粗牛气冲天的成功男士，发现他们大都是"老牛吃嫩草"婚恋路线的勇于实践者。只要在衣香鬓影名流云集的公众场合露面，身边准会有一位至少小十五岁以上的年轻娇妻或如花小蜜相随相伴。两人跟狗皮膏药似的黏在一起，男的往往脑满肠肥皱纹密布，半秃的额头就像华北平原一样一马平川，挺出的将军肚就跟华北平原边上耸出的那座太行山脉；女的虽外表珠光宝气骨子里还青翠欲滴，猛地一看，还以为是父女情深，仔细一瞧，原来是一对正在比翼双飞的老夫少妻。

　　为什么成功男士喜欢"老牛吃嫩草"？嫩草是不是看中了老牛的金银财宝和名誉地位？嫩草会不会后悔？老牛吃嫩草吃不吃得动？吃不动该怎么办？近日在网上看到一个帖子，里面总结了老牛吃嫩草的几大好处：

　　老牛的牙口和消化都不好，需要吃嫩草；

　　嫩草的营养比较丰富，老牛自然爱吃；

　　嫩草比较贵，只有老牛才吃得起；

　　别的老牛都在吃嫩草，剩下的老牛不吃，或者剩下的嫩草不让老牛吃的话，显得不够与时俱进；

　　老牛消化功能不好，嫩草被老牛吃了以后还能全身而退，顺着牛粪出来，不久就是一棵更加花枝招展的嫩草；

　　老牛守着一丛嫩草，就算吃不了，也能表示他很有面子。

　　哈哈，不知道这位仁兄何以如此津津乐道还把问题看得入木三分，是不是他也有"老牛吃嫩草"这方面丰富的实践经验？不

过最后一条我深有感触。因为成功男士，尤其是中国的成功男士大都好面子，讲排场，正所谓头可断血可流，皮鞋不能不擦油；没房产没土地，出门不能不带小蜜。自古以来，中国世俗男人最高的理想不就是置良田，养美妾吗？贪官污吏们往往金屋藏娇，一旦东窗事发，才会幡然悔悟，身边的狐狸精原来是只害人精，早知如此何必当初？说穿了，都是面子害的。

另外，我觉得"老牛爱吃嫩草"也是老男人采阴补阳的一种生理需求。人老了，不仅老眼昏花了，腰板也不直了，腿脚也不灵了，如果这时候有个年轻貌美的小姑娘相伴左右，天天嬉笑逗乐，那对于夕阳西下的老人家来说无异于雪中送炭，对于不甘其老的成功男人来说，第二春就会再度焕发。有人说嫩草对于老牛是大补之物，益寿延年，老牛吃了嫩草，会挤出更加营养丰富的奶来，因此中国的古人又常以"一树梨花压海棠"来形容这种"老牛吃嫩草"。据说北宋著名词人张先早年以连续写出"云破月来花弄影"、"娇柔懒起，帘压卷花影"、"柳径无人，坠飞絮无影"的佳句而被当时的词坛戏称为"张三影"，谁知到了晚年，创造力衰竭，再也写不出什么东西来了，于是在80岁那年又娶了一个18岁的小妾，这一娶不打紧，这棵文坛老树又开出了新花。他的好友大文豪苏东坡前来祝贺，就写了首诗调侃道："十八新娘八十郎，苍苍白发对红妆。鸳鸯被里成双夜，一树梨花压海棠。"梨花指的是白发丈夫，海棠指的是红颜少妇，一个"压"字道尽床上无数风流！

到了后来，"一树梨花压海棠"就成了老夫少妻，亦即"老牛吃嫩草"的委婉说法。连俄罗斯著名作家纳博科夫当年描写一个中

年男人恋上豆蔻少女的禁毁小说《洛丽塔》被介绍到中国来，也被好事者译成了"一树梨花压海棠"，真是搞笑得很！

所以，嫩草对老牛来说好比一剂"十全大补丸"，老牛吃了它，不仅牙好胃口好，吃嘛嘛香，还"老骥伏枥，志在千里。烈士暮年，壮心不已"，说不定还为国家人口逐渐老龄化带来的各种社会问题开出了一剂救世良方，亮出了一盏指路明灯呢！

当然，前提是嫩草心甘情愿地被老牛吃。否则一旦嫩草嫌弃起老牛来，那就"满园春色关不住，一枝红杏出墙来"啦！

女人最好别嫁艺术家

人们常说，演戏的是疯子，看戏的是傻子。可是当傻子看得如醉如痴直至无可救药地爱上疯子，一段孽缘就不可避免地产生了。

我认识一个在时尚杂志做编辑的女孩，本是天生丽质风姿绰约，身边也不乏设计师、工程师、CEO各类高级白领追求者，可女孩始终不为心动，反倒喜欢在作家画家诗人这类艺术气质浓厚的男人堆里翻滚。开始我不理解，后来才知道，从小饱读诗书的她一直向往"才子佳人"式的婚姻。据说她的初恋就给了一个比她整整大十五岁的"业余诗人"，那家伙外表跟徐志摩没有丝毫可以"合并同类项"的地方，却靠模仿《再别康桥》胡诌出的几句歪诗，就让这个不谙世事的小女孩在一番惊诧之后被搞得五迷三道，当晚就上了他的"贼船"。没多久诗人喜新厌旧扬长而去，女孩哭得死去活来差点寻了短见，不巧一个风度翩翩的画家又闯进了她的心扉，于是"山重水复疑无路，柳暗花明又一村"，女孩本已渐渐熄灭的爱情火种再度熊熊燃烧——只可惜，画家换他身边

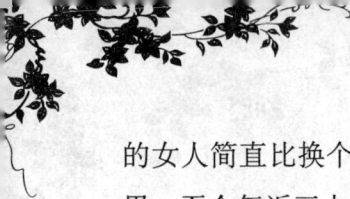

的女人简直比换个模特还方便，几番潮起潮落下来，女孩伤痕累累，至今年近三十仍然找不到婚姻的归宿……

如果把艺术家比喻成风，那么爱上艺术家的女人则是沙。风四处游走，永不停留。沙在风的诱惑下也会上下翻飞，随风起舞，可一旦风吹过呢，等待沙的命运则是像怨妇一样被无情地抛弃。

这就是艺术家，他们像雾像雨又像风，来来去去只留下一场空。他们一方面像孩子一样天真烂漫，另一方面却又像浪子一样飘忽不定，像情种一样风流倜傥，最可怕的是他们大都不是博物馆里永恒的收藏品，一旦江郎才尽，他们就会变成一只无人理睬的垃圾股，毫无价值一无是处。

可被他们才华所倾倒的女人却浑然不觉，却依然如飞蛾扑火般至死不渝。因为他们头上顶了一个巨大的光环——艺术家，好比一个普通人，偶然穿上了黄袍，带上了王冠，就贵为天子了，就要被顶礼膜拜，就要被山呼万岁。

可是艺术家真的那么好伺候吗？

艺术家都有一颗不老的童心，这样他的艺术灵感才会连绵不断滔滔不绝，很难想象一个老成持重不苟言笑像贾宝玉他爹贾政那样食古不化的木乃伊会成为才思泉涌的"艺术家"。但问题是，一个艺术家一天到晚或疯或颠或呆或痴，脾气还像母亲怀里的婴儿的脸一样说变就变，哪个渴望小鸟依人的女人受得了？大多数女人，尤其是仰慕艺术家才华的小女子，大都希望自己爱上的这个男人各个方面都像他的艺术细胞一样闪烁出耀眼的光芒，甚至身上能拥有如父如兄的成熟气质，如王如帅一样的大将风度。很可惜，上天是公平的，当艺术家在某些方面表现出一种近乎天才的行为时，他在其他方面不可避免地沦为了"低能儿"。

所以李白写诗会"笔落惊风雨，诗成泣鬼神"，可一旦从政就幼稚得像个三岁幼童，晚年安史乱起，想报效国家，却傻乎乎地卷入了朝廷的权力之争，差点丢了性命；海明威是文坛公认的"打不倒的硬汉"，可熟悉他的文学评论家却称，"海明威在心理上一直没有长大，在他灵魂核心的一直是那个不服输的小男孩"。尽管海明威处处用大胡子和猎枪武装自己，一拍照就刻意摆出一副硬汉姿态，其实他的内心世界脆弱而敏感，孤独而痛苦。英国著名作家詹姆斯·乔伊斯年轻的时候在巴黎见过海明威，英国的大文豪是这样形容这个美国文坛的后起之秀的——"一个敏感的小男孩硬要充硬汉。"另一位"迷惘的一代"的著名作家菲茨杰拉德的妻子扎尔达更是直言不讳地将海明威的"丈夫气概"斥为"像假支票一样的东西"。海明威一生结了四次婚，拥有过无数情人，但也无法让他的心灵真正长大。即使到了62岁，满头银发的海明威给他21岁的女秘书瓦莱丽写情书，那语气听上去怎么也不像一个充满智慧的长者，反倒像一个淘气的小男孩在向他母亲撒娇。我有时在想，当一个艺术家逐渐褪去光环，还原成普通人，甚至表现出一个孩子的无助时，他身边的这个女人还会对他一如既往地高山仰止吗？

很多时候，女人总是奢望自己爱上的男人是她人生旅途的终点站，可男人，尤其是艺术家气质的男人，却始终把他生命中不期而遇的女人当成中途小憩的驿站，一旦酒足饭饱，还要继续上

路。如果把女人比喻成麦田里的那个痴痴的守望者，她所无怨无悔的爱上的那个艺术家，则始终是"在路上"，也许他偶尔会歇个脚，看看路边的风景，但绝不会落地生根立地成佛的。正所谓，关关难过关关过，处处无家处处家。

我认识一个女导演，人到中年，三次婚姻均以失败告终。有一次她告诉我，在她爱过的这三个丈夫中，伤她最深的是一位指挥家。当初她为指挥家精湛的技艺和沧桑的面容所打动，义无反顾地下嫁这位大她二十岁的"夕阳伴侣"。谁知新婚燕尔的第二天，沧桑的指挥家就无端端地玩起了"失踪"，直到一周后她才在他的乐团找到他，问起缘由，指挥家漫不经心地说了句："音乐是我的主旋律，婚姻只不过是我的一段小插曲。"这段本可以拍成电影的浪漫情缘在短短的新婚半个月之后就宣告"破产"。

人们常爱说，女人心，海底针，其实男人的心又何尝不是像魔术师手中的扑克牌一样善变呢？尤其是拥有艺术家气质的男人，更是让人捉摸不定：有时候他们会像梁山伯一样痴情，有时候他们又会像贾宝玉一样多情，有时候他们也会像西门庆一样寡情，有时候他们还会像陈世美一样绝情。小时候读唐诗，为大诗人元稹的一句"曾经沧海难为水，除却巫山不是云"所感动，上了大学才知道就是这个元稹当年为了求功名入豪门不惜抛弃旧爱，成了千夫所指的"陈世美"。我很喜欢的晚唐诗人杜牧也是典型的风流才子。虽说杜牧是世家子弟出身，祖父杜佑还做过宰相，他自己也是少年才俊，二十三岁就写下了那篇传诵千古的《阿房宫赋》，然而随着祖父和父亲的相继去世，他的仕途也开始坎坷起

来，官怎么也做不大，好像整整十年，他都是在扬州蹉跎，所谓"十年一觉扬州梦，赢得青楼薄幸名"。我估计，这十年，他虽不是"天天当新郎，夜夜入洞房"，但基本上已迷醉在二十四桥的青楼明月间了，要不他怎么既会有"娉娉袅袅十三馀，豆蔻梢头二月初"的艳遇，又免不了产生"二十四桥明月夜，玉人何处教吹箫"的怅惋呢？试问，这样一位整天在"红灯区"醉生梦死的落魄文人，即使再才华横溢满腹经纶，又有哪位痴情女子敢心甘情愿地托付终生呢？只怕昨夜你还"蜡烛有心还惜别，替人垂泪到天明"，人家大才子第二天已经在另一个温柔乡中慨叹"春风十里扬州路，卷上珠帘总不如"了！

男人看女人，第一看容貌，女人看男人，首先看才华，但男人的才华和女人的容貌一样不持久，容貌会衰老，才华也会贬值，江郎才尽和美人迟暮都是人生不可避免的悲剧。当初，如果你是仰慕一个艺术家的才华而嫁给他，十年二十年之后，他江郎才尽了，你是否还一如既往地爱他？

有句话说得好：你要想对一个人保持终生的好感，就要和他保持终身的距离。从这个意义上来说，拒绝成为第五任海明威夫人的瓦莱丽，和萨特不结婚只维持情人关系的波伏娃，都是聪明的女人。

中国式恐婚

上个世纪40年代后期，有个专门研究古典文学的学者钱钟书，忽然用"围城"这个词儿写了部长篇白话小说。在书中，他无奈地总结："围在城里的人想逃出来，城外的人想冲进去。婚姻也罢，职业也罢，人生的愿望大都如此。"半个多世纪过去了，这段话和这本书一样早已脍炙人口、广为流传，尤其是在世纪之交的中国，一群患上"婚姻恐惧症"的男男女女，便把婚姻看做深不可测、密不透风的围城，宁愿在城外支帐篷甚至当一场露水夫妻，打死也不进"城"。有意思的是，当年在电视剧版《围城》中糊里糊涂冲进围城的方鸿渐，十多年后又在荧屏上遭遇了一场心力交瘁的"中国式离婚"。钱钟书和陈道明恐怕都没想到，随着"围城理论"的深入人心和《中国式离婚》的空前热播，"中国式恐婚"也在民间顺势蔓延开来。

真是林子大了，什么鸟都有。如今，职场上有"上班族"，演艺圈有"追星族"，恋爱大军中也多了一群"恐婚族"。所谓"恐婚族"，就是"死了都要爱"，但就是"死活不结婚"！不结婚的理由

林林总总，有人说"婚姻是爱情的坟墓"，"婚姻是监狱，是两个人的无期徒刑"；还有人说"婚姻是一出单调乏味的肥皂剧，永远也摆脱不了"。我身边有一哥儿们，虽说早已是三十好几的老光棍了，但恋爱史却有将近二十年，期间女友的更换速度几乎可以追上"神五"、"神六"，他沦为"恐婚族"的理由是用一首打油诗来概括的："背叛是男人的血液，博爱是男人的宣言，自由是男人的口头禅，见异思迁是男人永远不变的风尚。"这种情场上无往不利的西门庆，当然视婚姻如枷锁啦！我身边还有一个"恐婚族"，在单亲家庭长大，从小就对婚姻有种天生的不信任感，而一直与儿子相依为命的寡母更存在一种潜在的"恋子"情结，每回儿子交了新女朋友带回家，母亲总是用一种充满敌意的眼光百般挑剔，事母至孝的儿子只好委曲求全，长此以往，儿子转向发展"地下情"，不敢再把身边的另一半带到母亲面前，因为他心里非常清楚，母亲永远不会有满意的那一天。这简直就是一出中国现实版的《儿子与情人》（英国著名作家劳伦斯自传体长篇小说，在书中，儿子因为过分"恋母"，影响了他将来的婚姻生活）！

　　值得注意的是，这年头不光男士"恐婚"，女人也"恨嫁"。我认识一个女孩子，出身寒门，却靠嫁入豪门成功地脱贫致富。本来我们都以为她获得了幸福美满的婚姻，谁知在出嫁前一个月，她这枝红杏竟然提前"出墙"了！后来一打听才知道，女孩子担心"豪门一入深似海"，嫁进去了倒是吃穿不愁，可一个大家庭里，连走路都得小心翼翼，何况她还是个出身不好的灰姑娘？不可避免地，她也患上了"婚姻恐惧症"，为了排遣内心的忧伤，她居然和身边的一位蓝颜知己从"共看篝火"发展到"相互取暖"！未来的丈夫

还没"洞房花烛"呢，反倒提前戴起了"绿帽"。唉，说穿了，这都是"恐婚"惹的祸！难怪现在很多早已到了适婚年龄的都市男女，经常发出哈姆雷特式的诘问："结还是不结，这是一个问题！"我身边一个漂亮的"白骨精"就直言："青春短暂啊，我可不想把有限的青春投入到无限的家务与为他人服务之中。"

或许有人会问，恐婚何时变得如此嚣张，以至于像传染病似的一发不可收？其实，"恐婚族"自古有之。我发现中国四大古典文学名著中，除《三国演义》（其实三国中的英雄人物也很可疑，很少见他们恋爱，更没有看到一场正儿八经的婚礼，往往昨天还单身呢，一眨眼功夫儿子就生了好几个，可身边的太太却不见踪影）之外，其他三部都潜伏着大量的"恐婚族"。先说《水浒传》，以宋江为首的一百条梁山好汉，拒绝女色拒绝诱惑，将单身进行到底，都是恐婚的"疑似人群"；《西游记》里的唐僧师徒四人，除猪八戒还时不时唠叨两句回高老庄做女婿，其他三人都是不折不扣的"恐婚族"，孙悟空在花果山都当"齐天大圣"了，连个"革命伴侣"都没有，唐僧呢，一天到晚就想着去西天取经，"情人知己"的位置长期空缺，对年轻貌美的女妖怪更是连亲近的欲望都没有；《红楼梦》稍好点，贾宝玉倒是有七情六欲，可他是个标准的大众情人，心里爱着林妹妹，又放不下宝姐姐，还和助理袭人发生了时髦的"一夜情"，整天想的不是好好学习、天天向上，而是在女人堆里厮混，所以贾宝玉也"恐婚"，因为一旦他贵为人夫了，恐怕就不能再和那些长得跟模特、港姐一样漂亮的女孩子们在大观园里游山玩水啦，所以他坚决反对"金玉良缘"。在他的带动下，什么贾迎春、

贾惜春、妙玉都成了"恐婚一族"。

有人说恋爱是两个人的"散打"，结婚是两家人的"群架"。我在想，罗密欧和朱丽叶幸亏只恋爱了四天就"魂归离恨天"了，如果他们恋爱四年下来，也得"恐婚"，因为他俩身后所代表的两个家族为了各自的利益，难免会把二人的婚姻当成一种交易。到时，朱丽叶就不再是朱丽叶了，恐怕就要变成王昭君了。

所以，有时候我不得不承认，恋爱就像孙悟空在花果山当"齐天大圣"，你想怎么着就怎么着；婚姻则像孙悟空被唐僧戴上了"紧箍咒"，是没完没了的条条框框。恋爱还像是哥伦布发现了新大陆，总是充满着惊喜；婚姻更像一次"鲁宾孙漂流记"，是挡不住的千难万险，哪怕最终荒岛余生，也免不了要元气大伤。

Chapter 4

围城内的潜规则

Marriage, prison

男人和女人对待婚姻的态度不一样：

女人大都把婚姻看做一个保险箱，

一旦进去了就会自动上锁；

男人却总是把婚姻看成牢笼，甚至当成监狱，

待久了就会烦闷，就想放风。

这时候太太应该向监狱长学习，

适当地给男人新鲜的空气呼吸，

如果管得太严，男人就想挣脱锁链，

甚至会逃跑、越狱，

到时候局面就会一发而不可收拾。

婚姻创造出世界上最亲密、相爱的敌人。

一夫一妻制实际上保护的是男人

张爱玲曾经说过：现代婚姻是一种保险，由女人发明的。

在这里，张爱玲所说的现代婚姻指的就是一夫一妻制。它是目前世界上绝大多数国家都普遍采用的婚姻制度，最早源自于西方基督教的一夫一妻制。当然，在一些伊斯兰教国家和地区至今还奉行一夫多妻制；在中美洲及南太平洋一些岛屿上，尚存在以母系社会为主的一妻多夫制；另外，像摩梭族那样以走婚为形式的婚俗也不罕见。

然而，在古老的中国，几千年来深入人心的却是男尊女卑的一夫一妻多妾制（即只能"娶"一个正妻，可以"纳"多名姬妾，其实就是广义的一夫多妻制）。尽管《礼记》上面说得很清楚：婚姻是"合两姓之好，上以祀宗庙，下以继后世"，但林语堂在上个世纪中叶写的一部剖析中国国民劣根性的《吾国吾民》一书中慨叹：纳妾制度差不多跟中国一样古老。当丈夫对正牌妻子不满时，他通常的做法不是去狎妓就是纳妾，明朝的法律甚至公然规定男人40岁以后无男性后裔者可纳妾。哪怕到了西风东渐的晚清时期，纳妾制度依然方兴未艾。有一个段子想必大家都听说过：当时有个学贯中西但思想非常守旧的大学者辜鸿铭，就一直死抱着一夫多妻的论调不放。有一回，几个奉行女权主义的洋姐公然质问辜鸿铭，凭什么男人能娶多个老婆，女人就不能嫁几个男人？只见老先生怡然自得地指着桌上的茶具说道："自古只有一个茶壶配四个茶杯，哪有一个茶杯配四个茶壶的道理？"真是想不到啊，这一通歪理邪说还把对方弄得哑口无言，怫然而去。

也许有人会说，洋人虽然嘴上鼓吹一夫一妻制，但私底下不也照样偷情越轨，而且还三天两头闹离婚？这种情人制不跟多妻制一样，是"五十步笑百步"吗？对此，一向对男女问题颇有研究的柏杨先生做过有趣的比较，他说：多妻制的精华是臭男人可以在同一时间同一空间，拥有很多很多太太，而情人制则恰巧相反，绝不能在同一时间同一空间拥有一个以上的太太。一个人结婚次数再多，像英国的亨利八世先生，结了八次婚，不是八位太太并肩进入他的皇宫，而是鱼贯进入他的皇宫。多妻制下的臭男人一辈子只要结一次婚就够啦，他一次就可以娶进八个，比起情人制下的零星进货，乃大手笔也。所以林语堂又说，结婚是妇女保护自己最安全的做法，无论何时，只要男人一放松自己的道德要求，受苦的永远是女人。

我的看法却恰恰相反：现在通行的一夫一妻制，表面上是保护妇女基本权利的宣言书，是限制男人到处胡搞的紧箍咒，骨子里却还是代表最广大男人的根本利益。

为什么这么说呢？解铃还须系铃人，我们来一起分析一下一夫一妻多妾制的弊端。

过去的传统观点都认为，一夫一妻多妾制是歧视妇女欺压妇女的不平等条约，是把妇女当生育机器当泄欲工具使的霸王条款，是典型的男权社会的怪胎。这话一点不错，但如果从"月满则亏"、"水满则溢"的另一个角度来看，一夫一妻多妾制（或者一夫多妻制）也是对男人的一种不可避免的戕害。我们就从一夫一妻多妾制最大的得益者来看是不是这样。

　　在中国古代，一夫一妻多妾制最大的得益者是谁，我想不用我多说大家都心领神会——皇帝。大概从商周时代开始，中国的帝王（大概可以算是中国古代最成功的男人了）就以"三宫六院"为荣，以"一夫一妻"为耻；以"夜夜乱搞"为荣，以"长期禁欲"为耻；以"颠鸾倒凤"为荣，以"循序渐进"为耻；以"服食春药"为荣，以"真枪实干"为耻。柏杨先生在他一部著作中披露：周王朝时，皇帝就可以合法地拥有121个妻子，"古者天子后立六宫，三夫人，九嫔，二十七世妇，八十一御妻"，《礼记》所记的这段文字，大概是古代帝王后宫有文字可查的最早的"标准配置"。

　　但皇帝们似乎仍不能过瘾。于是到了汉、唐、宋几个王朝，后宫的大小老婆丫鬟奴婢，简直几千几万。汉武帝统治时期，宫里的女人干脆分成14个等级，等级之内的嫔妃即超过3000人，汉武帝甚至公然宣称："能三日不食，不能一日无妇人。"唐玄宗天宝年间，宫女妃嫔更是发展到破纪录的4万人，难怪五十年后的中唐著名诗人元稹会写诗替她们不值："寥落古行宫，宫花寂寞红。白发宫女在，闲坐说玄宗。"说玄宗？说什么？我估计好多宫女甭说被皇帝临幸，说不定生活在深宫数十载，连这个全天下老婆最多的男人一面都没见过。于是，柏杨先生惊呼：一个皇帝竟有那么多老婆，天天晚上都得大荒唐而特荒唐，真是人类历史上罕见的大嫖客，怪不得中国皇帝差不多都是短命鬼！

柏杨先生这话一点没错，在中国古代，皇帝的平均寿命最短，健康状况最差！有人做过一个统计，历代皇帝有确切生卒年月可考者共有209人。这209人，平均寿命仅为39.2岁。人口学家推算，中国古代人口的平均寿命可达57岁。中国皇帝的平均寿命比普通人要低18岁。

而且我发现，越纵欲无度越爱跟大小老婆们玩"花活儿"的皇帝寿命越短，汉成帝大家知道吧？就是那个瘦得跟"糖醋排骨"似的美女赵飞燕的老公，他生前就长年沉湎于性爱的欢愉之中，不仅娶了出身低微的赵飞燕，还把她妹妹赵合德也顺手牵羊了。据说汉成帝酷爱玩"双飞"，最终因为纵欲过度，才过40岁我们这位大汉天子的背就驼了，性功能也大减。赵氏姐妹不满足了，于是靠媚术得宠的赵飞燕便求房中秘方，与方士研制出了一种春药，供老公服用。有一次因为服用过量，不惑之年的他竟然死在了美人的肚皮上，成了名副其实的"牡丹花下死，做鬼也风流"。

还有更夸张的。南宋度宗赵禥刚当皇帝那会儿，某夜竟然与30多个年轻美貌的宫妃同时"过招"。这是清乾隆年间毕沅编著的《续资治通鉴·宋纪一百八十》上所记载的："帝自为太子，以好内闻；既立，耽于酒色。故事，嫔妾进御，晨诣阁门谢恩，主者书其月日。及帝之初，一日谢恩者三十馀人。"这段话的大概意思是，赵禥做皇太子时就以好色出名。当了皇帝后还是这样。根据宫中旧例，如果宫妃在夜里奉召陪皇帝睡觉，次日早晨要到阁门感谢皇帝

的宠幸之恩，主管的太监会详细记录下受幸日期。赵禥刚当了皇帝时，有一天到阁门前谢恩的宫妃有 30 余名。根据这段记载我们发现这位仁兄特别"能干"！一夜召幸 30 余女，大概创下了中国古代皇帝性生活的一个纪录吧？结果呢，玩儿过了，这位 25 岁登基的年轻皇帝，在位不到十年，就提前上了西天。

还是有句老话说得好啊，钱财不可用罄，福分不可享尽。拥有三宫六院的皇帝都晚晚在床上"开炮"，一般三妻四妾的中等人家不说"炮"声隆隆，至少也不会高悬免战牌吧？老婆娶这么多，风光倒是风光，"性福"也还"性福"，可这世上"只有耕不完的田，哪有累不死的牛啊"？晨钟暮鼓也敌不过如狼似虎，再铁打的男人，身体里就那点存货，谁也禁不起这么挤压啊？何况，正人君子说得好，淫能害人，色能伤身，于是，一夫一妻制就应运而生了，只有一个老婆，男人就可以充分地养精蓄锐从而顺利地养家糊口了，对此媳妇没意见（估计还巴不得呢），婆婆也直点头！就连一向对一夫一妻制很不感冒的日本著名情爱作家渡边淳一也坦言，男人一旦老婆多了，经济负担不说，精神负担也难以为继。因此，从爱惜男人的身体出发，从家庭的百年大计着想，一夫一妻制也必须实行！

据说若干年前，《婚姻法》修正的时候，某报发新闻时由于疏忽把"一夫一妻"打成了"一天一妻"，有读者立即来电反映："就这一条改得好！"也有人笑言："好是好，就怕身体受不了。"

一夫一妻制盛行的另一个因素则是要考虑到其他条件比较差的"剩男"的实际需求。这些年，冒出来两个新词，一个叫"剩女"，一个叫"剩男"，别看都是剩下的，两者涵义大不相同，"剩女"多是条件优越的"三高女性"（高学历、高收入、高素质），俗称"白骨精"（白领、骨干、精英的简称），而"剩男"正好倒过来，不少是低学历、低收入、低素质的"三低男性"，外加其貌不扬、身虚体弱、愚钝懒惰、一事无成。众所周知，女人择偶，习惯于仰视，哪怕自个儿每月挣一万，也得找个月入两万的才满意；哪怕都成"白骨精"了，也想嫁个唐僧那样学问渊博地位尊崇的成功男人，谁也不会屈尊下嫁"虾兵蟹将"。有一个至今单身的"白骨精"就跟我坦言：与其找个没出息的男人凑合一辈子，还不如找个出类拔萃的男人做情人，哪怕给后者当二奶也心甘情愿，实在遇不到合适的，干脆就独身！

全天下的女人就这么多，倘若成功男人都三妻四妾，窝囊男人全都打光棍，或只能瓜分剩下的残羹剩饭，那会出现怎样的状况？或者和其他男性分享自己的伴侣？很简单，这将不可避免地引发愤怒、争斗甚至是厮杀，到时候社会必将动荡不安。所以在许多科学家看来，一夫一妻制是男人间达成的一项协议。他们以此来保证自己的利益，同时防止因为女人而彼此争斗带来损失。这一协议要求社会上所有男人或多或少地享有平等的权利，即使是权贵们也要遵守这一规则，他们放弃了一夫多妻制来换取社会的稳定和团结，好让最无能的家伙也有理由讨个老婆。对男性而言，这不能不说是一种妥协和牺牲。连日本情爱作家渡边淳一在他那本《丈夫这东西》的书里也不得不承认：一夫一妻制实际上是救济那些缺乏魅力的软弱男人的一种制度。试想，成功男人如果都三妻四妾，女人都一心奔着自己看得上眼的男人怀里扎，哪

男人不说，女人不懂

He keeps words, she keeps puzzle ...

怕做小老婆也心甘情愿，那大量的"三低男性"怎么办？总不能一辈子都打光棍吧？

经常听不少花心男人抱怨：一夫一妻制不好啊，违反人性！呵呵，倘若还继续多妻下去，您老人家身体还受得了吗？就算你天天伟哥夜夜洞房，出了门您还得小心，那些讨不上老婆的蠢男人也许早就妒火中烧瞧您不顺眼了，说不定您最后没倒在众多老婆的床上，反而栽在那些患上性饥渴症的"三低男人"的弹弓下，那真就比窦娥还冤啦！

平平淡淡不是真

这年头，人们似乎越来越推崇这样一种生存哲学：平平淡淡才是真。

不错，这是一句至理名言，在这样一个日益浮夸日趋浮躁的社会，它犹如一杯清茶，平复人心头的焦虑、安抚人抑郁的情绪。但它又是一把双刃剑，在密不透风的婚姻生活中，它会变成一个隐形杀手，让夫妻之间的激情消失殆尽。看过美国影片《克莱默夫妇》吧？里面梅丽尔·斯特里普扮演的妻子乔安娜之所以成为又一个出走的娜拉，就是因为受不了婚姻的平淡如水；看过日本影片《谈谈情跳跳舞》吧？里面那个刻板拘谨的男主人公之所以会单恋身材苗条的交谊舞女老师，也是出于对缺乏惊喜缺少刺激的夫妻生活的厌倦。

也许有人会说，婚姻就是这样一件事：爱上一个人，发誓与之白头偕老，然后一起生儿育女，然后是天天回家，抚养着儿女慢慢成长，天天看着对方的脸庞皱纹形成，白发丛生。到最后，天天守着一个人，吃饭，睡觉，聊天，变老。婚姻的实质，就是这样的一

种平淡中的相守。不是有一首歌这样唱的吗：一生中最浪漫的事，就是和你一起慢慢变老。既然这样，又何必朝秦暮楚得陇望蜀呢？

不错，平淡的相守是婚姻的实质，是婚姻的最高纲领，但绝不是婚姻的全部内容，更不是婚姻的日常功课。国外某婚恋机构曾咨询五十对结婚十年的夫妇，结果发现：只有不到10%的夫妇还十年如一日地相亲相爱；40%的夫妇坦承他们之间只靠孩子和责任来维系感情，当年天旋地转的爱情早已在岁月的风尘中消失得无影无踪；剩下50%的夫妻则说不清道不明，但他们全都不无遗憾地表示，昔日恋爱阶段的冲动和激情已经逐渐在远离他们的日常生活。

这无疑是个危险的信号：在婚姻这场旷日持久的战役中，任何激情四溢的爱情火花都将灰飞烟灭，当一对相濡以沫的夫妻只剩下责任和义务的时候，他们之间婚姻可不就成了坟墓？埋葬爱情的坟墓！所以《一声叹息》里面张国立饰演的男主角才会不无歉意地对妻子说："如今，我拉着你的手就像左手握右手。"在《手机》里，还是张国立扮演的中年男人忍不住长叹："和一个人同睡在一张床上二十年，确实有点审美疲劳！"

在围城里过日子，有时候就像在电影院里欣赏一部超级闷片，也许它很有味道、很有内涵，但一般的俗人短时间内很难领悟，多数情况下看得人昏昏欲睡。这时候就需要把这部闷片变成多姿多彩跌宕起伏的娱乐片。此时，你和你的另一半就是这部电影的编剧和导演，能不能让超级闷片变成娱乐大片，就看你们的功力了！

在这方面，生活在汉代的张敞就是一个很出色的家庭剧导演。

知道张敞画眉的典故吧？据《汉书·张敞传》记载：京兆尹（相当于现在的北京市长）张敞夫妻情深，每当妻子化妆时，他就为她把笔画眉，天天如斯乐此不疲。此事传到朝堂之上，被人当成笑柄，后来汉宣帝亲自过问这件事，张敞对曰："臣闻闺房之内，夫妇之私，有过于画眉者。"张敞的回答既巧妙又合乎情理，夫妻之间比画眉还要出格的事多了去了，凭什么对这点芝麻绿豆的小事揪住不放？宣帝听了哈哈大笑。从此，世间又多了一段流传千古的佳话。我觉得，张敞是个相当会享受夫妻生活的男人。在他手中，超级闷片就变成了娱乐大片，张敞的老婆真是一个幸福的女人！

在这里我不是建议每个做丈夫的都去帮妻子描眉化妆，而是提醒一些处于审美疲劳的夫妻，在婚姻生活中要善于发现独特的审美情趣，当夫妻关系变成一潭死水的时候，要勇于打破沉寂，走出怪圈。

获奥斯卡多项提名的影片《通天塔》让我感触至深。布拉德·皮特和凯特·布兰切特饰演一对审美疲劳的夫妻。为了挽救濒临破裂的婚姻，他俩前往非洲度假。当妻子突然被山上试练枪法的孩子击中，他们被迫在穷乡僻壤接受简陋的治疗。妻子的无助、柔弱以及对死亡的恐惧，激发了丈夫的怜爱。在救援的直升机到来之前，这对夫妇共同面对着死亡以及陌生国度人们仇视的目光。当死神来临，皮特的眼睛湿润了，布兰切特的心也碎了，他们发现彼此还深深地爱着对方……

"通天塔"一词来源于《圣经》。在这个圣经故事中，不同语言的人们为着共同的目标而奋斗，却因为存在着交流的障碍而功

败垂成。本片告诉我们，在婚姻生活中，彼此有效的沟通非常重要，与其让爱情浴血重生，不如让爱情在融洽的交流中永生。当然夫妻面临生死存亡这样的机会不是人人都能遇到，在日常的起居生活中，能不能给对方多一点时间，多一点空间，也多一点理解，多一点沟通呢？不要让平淡的水浇灭彼此爱的火花，要学会在周而复始的简单生活中激发生命和爱的能量。

婚姻像公司，夫妻是董事长和总经理

国外有部短篇小说里曾经描写过这样一个细节：一个结婚不到两年的妻子抱怨她的丈夫："我每回买到了漂亮的衣服，你连一眼都不看。"丈夫叹了口气："当一个人知道包裹里是什么时，还看那包装纸干啥啊？"

这个情节仔细回味起来有点辛酸，都说婚姻会遭遇"七年之痒"，这小两口还没七年呢，丈夫就提前发"痒"了，就开始对美貌娇妻索然无味了，看来"婚姻是爱情的坟墓"这个说法有时未必是危言耸听。

记得有位哲人说过：在上帝赋予给人的特质中，有"日久生厌"和"喜新厌旧"两项元素，这正是人类进化的主要动力。但适应在爱情上，却像一个每隔一段时间就要爆炸一次的原子弹。再貌美若仙的少妇，也许只能保证她的丈夫前十年为她如醉如痴，但也不敢肯定能使她的丈夫十年后同样保持原来的热度。所以柏杨总结，经济学上有效用递减律，爱情学上同样也有效用递减律。有时候我觉得时间就像一堆黄土，会将爱情生生"活埋"。所以，在冯小刚的贺岁片《手机》中，一个叫费墨的中年男人，面对着数十年如一日躺在床上的太太，竟使用了"审美疲劳"这个美学上的专业用语表达了自己对婚姻的厌倦心理。所以，在《美国丽人》、《谈谈情跳跳舞》等影片中，我们才看到了一出出"忽喇喇如大厦将倾，昏惨惨似灯油将尽"的围城苦戏。

　　枯燥乏味的婚姻，难道真的无药可救吗？

　　我突然想起了一对令人艳羡的夫妻。

　　那还是我在 CCTV-6 做《佳片有约》主持人的时候。栏目组经常会邀请一对年过半百的大学教授夫妇来当嘉宾，同许多性格互补的夫妻不同的是，老两口都是神侃型的，因此，有时候是丈夫出场，有时候则是妻子亮相。每回妻子来做客的时候，丈夫一定是毕恭毕敬地充当司机的角色。经常是妻子在化妆间跟导演和我沟通台本，做丈夫的则站在一旁笑眯眯耍着贫嘴，中间还时不时和太太打情骂俏一下。据说老两口五年前买车以后，这种"妇唱夫随"的甜蜜生活从未间断，且风雨无阻。

　　老太太很有意思，都五十多岁的人了，每回上节目都烫着时髦的大波浪，穿着呢，不是红色的西服外套，就是粉色的细绒毛衣，总之，依旧曲线玲珑的身材总是被裹得分外妖娆；老头儿呢，也根本不是那种脑满肠肥的"牛粪男人"的尊容，而是一位"风韵犹存"的老帅哥，每次就算是以司机的身份亦步亦趋的跟来，也同样光鲜亮丽，整齐的衬衫总是有规则地掖在笔挺的西裤里，修长的身材几乎看不出身上有任何赘肉，都快六十的人了，还残留着当年无敌小帅哥的风采，那"小蛮腰"不知羡煞多少中老年男人！每回看到他

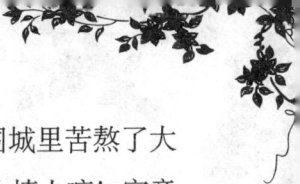

们甜甜蜜蜜的样子，我就纳了闷了：这哪儿像是在围城里苦熬了大半辈子的老夫老妻？简直就像一对卿卿我我的初恋小情人嘛！究竟有什么魔力让这对结婚三十载的夫妇恩爱如昔，始终"痒"不起来呢？而且还始终如一地永葆"革命"的青春？

终于逮到了一个机会向老太太讨教。老太太幽幽地告诉我，这婚姻就跟公司一样，是需要经营的，是需要技巧的，是需要呵护的。不能顺其自然，不能得过且过，更不能放任自流。

老太太的话是三年前告诉我的，当时不解其意。婚姻不就是两个人慢慢变老吗？干嘛要经营？又不是合伙做生意，那是两人过日子啊。随着年龄的增长，见惯了身边朋友分分合合：当年不少的如胶似漆，到头来大都各奔东西，今天洞房花烛夜，明天却已成分飞燕。渐渐地，我领悟了老太太的一番良苦用心——婚姻可不就是公司嘛！公司需要董事长掌舵，需要总经理管理。一场婚姻，一个家庭何尝不是这样？这其中，一个担负董事长的职责，一个充当总经理的角色，他们要共担风险、共赴难关，公司经营不善会倒闭、会破产，婚姻经营不善同样会破裂、会崩溃。试想，如果丈夫天天在外面花天酒地、彻夜不归，妻子大手大脚、好逸恶劳，这个家庭还怎么维持？抑或天天吃的是粗茶淡饭，住的是破瓦烂房，丈夫半年下来吃不上一顿红烧肉，妻子一年到头也收不到一束玫瑰花，恐怕这婚姻就跟一所破败的老房子一样迟早要坍塌的。

如果从另外一个角度来看，婚姻有时候也像一杯咖啡，苦得很，要学会往咖啡里加点糖，这样才喝起来有滋有味，回味无穷。

婚后 AA 制会不会导致婚内性交易？

近日从朋友那听到一则笑话，某白领在和老同学的一次聚会上喝得烂醉，说到婚姻，此君笑言："真烦啊，老婆每次和我那个后都问我要钱！"众人笑晕，把饭菜都喷在了别人身上。

婚内要靠"付费"才会有性行为，夫妻做个爱还得最后老公"埋单"，很多人听后估摸着都要笑得喷饭。可是这种事真不是子虚乌有，特别是在实行 AA 制婚姻的时髦家庭中，还真出现了上述被人戏称为"婚内性交易"的荒唐一幕。

前不久我就在报纸上看到这样一条消息：张女士从 10 年前就开始做美容化妆品批发生意，开始做的人少，生意很不错。她老公是一国企部门经理，刚结婚时张女士的收入比老公高，双方都同意做了婚前财产公证，婚后实行 AA 制。可随着市场竞争的加剧，化妆品生意越来越难做，张女士干脆关门回家做家庭妇女，可这时她老公亮出了 AA 制的协议书，张女士这时才体会到 AA 制婚姻的残酷，她感到她成了老公的保姆，可保姆是不陪睡的啊。没办法，为了保证外出交际的费用，张女士只好每次和老公做爱后都收取几十元的"房(事)费"。

看完这个故事,我第一时间就想起了半个世纪前张爱玲一句看似犀利实则无奈的话:婚姻对某些男女来说就是嫖娼卖淫的长期化、合法化。可以说大多数"婚内性交易"都是由于男尊女卑、夫妻收入不平等造成的。由于在生育后代、家务操持方面的付出,女性在事业竞争中很难超过男性,这就为"婚内性交易"提供了物质基础,而 AA 制婚姻协议书又从法律上确保了这种不平衡的合法性,为了维持夫妻双方在家庭中的经济平等,许多女性不得不采取"婚内性交易"这种对 AA 制婚姻的报复形式。

当然,这种提了裤子就直接问老公收取房(事)费的"婚内性交易"毕竟是少数,但它也为那些热衷于 AA 制婚姻的时髦夫妇敲响了警钟:永结同心白头到老的"亲密爱人"在婚姻的殿堂内大搞 AA 制是不是对神圣婚姻的一种亵渎?

所谓的 AA 制,在美国叫 Going Dutch(各付各的)。说起 AA 制,可能大家都不陌生,朋友聚会结伴出游的时候实行 AA 制,大家都觉得挺好,谁也不吃亏,可是最近几年,一些人在以共同生活为基础的婚姻问题上,也开始实行起了 AA 制。据说这种婚姻模式在欧美国家很流行,说穿了,就是你买你的皮鞋,我买我的袜子;你喝你的牛奶,我喝我的果汁;你起早贪黑,我日伏夜出;你去唱歌,我去跳舞;你看电视,我就上网。各自为政互不干涉,主权独立领土完整,基本上就等于把当年咱们敬爱的周总理倡导的"和平共处五项原则"从处理国与国之间的外交领域直接照搬到协调夫妻关系的婚姻生活中了。

我有一个老同学，三十出头已经独立创业，当起了老板，是有房有车的钻石王老五。去年他终于和一个二十出头年轻貌美的刚刚毕业的女大学生喜结良缘。虽说拥有了娇妻豪宅，但我这老同学心里总有点不太平衡：自己好不容易打拼下来的江山凭什么让一个未谙世事的黄毛丫头坐享其成？于是他提出了婚后夫妻生活实行AA制，年轻的老婆迫于压力只好顺从。从那以后，每到月初发工资的时候，老婆就乖乖地掏出1500元钱作为入住豪宅的房费交给老公，且周而复始风雨无阻。朋友之间戏称他们的夫妻关系就像"房东"和"房客"，我则开玩笑说他们夫妇俩简直就是新社会的"黄世仁"和"杨喜儿"。不到一年，"杨喜儿"难以忍受这种奇耻大辱，终于和"黄世仁"分道扬镳搬离豪宅。最近，我听说我这老同学又续弦了，找的还是一个要继续支付"房租"的"喜儿"……

　　听说目前国内的 AA 制婚姻主要集中在两类人群中：一是80后，二是演艺圈。80后由于思想前卫，作风新潮，在欧风美雨的吹拂下大赶时髦不足为怪；而在演艺圈，某些大款基于自身财产安全，担心爱上他的女明星"图谋不轨"，遂出此下策。好莱坞那条人所尽知的老狐狸迈克尔·道格拉斯，据说为了防止他那位风情万种的美貌娇妻凯瑟琳·泽塔·琼斯"心怀二志"，就用所谓婚前财产公证的方式把早已是万贯家财的"金库"牢牢地掌握在自己的手中。那一刻，我就在想，道格拉斯先生真是"道高一尺"啊，"阶级斗争"这根弦儿始终不肯放松，都"洞房花烛"了还不忘提高警惕，估计是《本能》这种戏演多了。可是我想问老先生一句：您这是娶妻还是防贼？是抱得美人归，还是养了一个"女特务"在卧榻之旁啊？

我总觉得夫妻两人走在一起，首先是源于爱，其次是出于一种责任感。所谓夫妻，是包含了三种共享关系：共享对方的思想，共享对方的身体，共享对方的财产。您财产方面都AA制了，是不是接下来生活起居也得AA制，再往下感情也得AA制？那跟同床异梦各怀鬼胎还有什么区别？也难怪AA制婚姻的离婚率大大高于传统婚姻的离婚率。

据说60年前，张爱玲在与另一个女作家苏青聊天时，两人一致表示：从一个女性的角度看，能够用自己赚的钱固然最自在，可是到底还是用别人的钱更快活些。这里的别人就是——丈夫。张爱玲说："用丈夫的钱，如果爱他的话，那是一种快乐。愿意想自己是吃他的饭、穿他的衣服，那是女人的传统的权利，即使女人现在有了职业，还是舍不得放弃的。"

中国有句老话叫做"嫁汉嫁汉，穿衣吃饭"，我觉得所谓"老公"，就是"到老还供养着你，简称老公（供）"，热衷于搞AA制婚姻的人纯属"小时候缺钙，长大了少爱，哪怕遇真爱，只能是歇菜"！

望夫成龙不如
自己成凤

  我认为中国人有一种心态非常不好：自己混得不咋地，就不思进取了，干脆把希望全部寄托在下一代人身上，还美其名曰"望子成龙"、"望女成凤"。殊不知，这种心态一方面有拔苗助长的嫌疑，另一方面也大大加重了子女的心灵砝码，让他们不堪重负。现实生活中，"望子成龙"、"望女成凤"心切者，子女最终却没成龙没变凤反倒酿出了人间悲剧，这样的故事还少吗？

  可叹，天下父母们仍旧在两眼巴巴地"望子成龙"。谁叫这是中华民族的传统"美德"呢？养儿就是要防老，如果子女将来不成器，十八年辛辛苦苦的养育之恩岂不打了水漂？到时甭提什么光宗耀祖，最起码亲朋好友街坊四邻都不知如何面对！

  渐渐地，"望子成龙"发展到了"望夫成龙"。想当年王宝钏苦守寒窑十八载，等来了夫荣妻贵，如今一些心比天高但不甘心命比纸薄的太太们也一天到晚做着"黄粱美梦"，希望自己嫁的丈夫不是绩优股，最起码也是只潜力股。

  那天我做客一档婚恋节目，就遇到了一个一心望夫成龙的妻

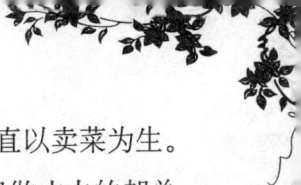

子。两口子都是外地来京打工的，结婚十多年来，一直以卖菜为生。妻子不甘久居人下，一天到晚催促丈夫奋发图强，但做丈夫的却总是安于现状，每天起早贪黑，也毫无怨言，闲暇时间还打打麻将念几首舒婷、席慕蓉的诗，自觉其乐融融。可一心幻想发家致富的妻子却心急如焚，三天一小吵五天一大闹渐成家常便饭。最后，妻子觉得丈夫目光短浅不堪大任，灰心丧气之余生出了离婚的念头。望夫成龙最后变成了望夫生恨，恨铁不成钢啊！

在中国这样一个数千年来都是男尊女卑的社会里，我想没有一个女人不希望自己的夫婿能够出人头地功成名就。所谓"一人得道，鸡犬升天"，为夫的一旦混出个人模狗样，妻子也立刻身价百倍，房子车子不成问题，票子位子也应有尽有了。

在传统的话本小说和戏曲舞台上，才子一旦金榜题名状元及第，身边的佳人也跟着风情旖旎风光无限；倘若才子再官运亨通，佳人的下一步就要朝着"一品诰命夫人"的宝座姗姗前行了。因此，自古望夫成龙的故事就屡见不鲜，比如《烈女传》里记载的乐羊子之妻，"河南乐羊子之妻者，不知何氏之女也。羊子远寻师学。一年来归，妻跪问其故，羊子曰：'久行怀思，无它异也。'妻乃引刀趋机而言曰：'此织生自蚕茧，成于机杼。一丝而累，以至于寸，累寸不已，遂成丈匹。今若断斯织也，则捐失成功，稽废时日。夫子积学，当"日如其所亡"，以就懿德；若中道而归，何异断斯织乎？'羊子感其言，复还终业。"乐羊出门求取功名，中途思念妻子，跑回家看一眼，要是一般女人早就笑靥如花，一头扑进丈夫的怀里，千娇百媚起来，"人家想死你了，也不知道回来看看。"可人家乐羊

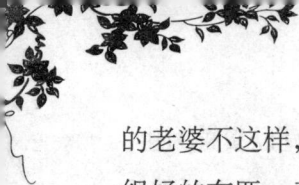

的老婆不这样，而是像指导员一样做起了思想政治工作，还把快要织好的布匹一刀劈为两半，并冷冷地告诫老公："这叫半途而废。"任何一个老公面对这样一个望夫成龙的妻子，估计都得战战兢兢如履薄冰，估计混不出个处长局长来，就休想踏进家门半步。

这个故事流传了千年，据说激励了不少人夫，感动了不少人妻。可我却不以为然。乐羊之妻一心望夫成龙，甘愿面对冷月，独守空闺，生活上无人帮持，情感上无人慰藉，还不分寒暑，夜夜织布到天明，等来了夫荣妻贵尚可皆大欢喜，万一乐羊先生不争气，没能金榜题名光宗耀祖，反倒名落孙山穷困潦倒，那妻子岂不花样年华付之东流？当然，碰上丈夫运气不错，最后来个"新桃换旧符"，可人总是会变的，丈夫一旦小鲤鱼跳龙门，会不会尽享功名利禄之余还来个饱暖思淫欲？望夫成龙最后望出了个陈世美，苦熬了大半辈子的糟糠之妻将置于何处？到时候，爱人不见了，向谁去喊冤啊？所以相对乐羊子妻望夫成龙的故事，我反倒更欣赏唐代诗人王昌龄的一首诗：

闺中少妇不知愁，
春日凝妆上翠楼。
忽见陌头杨柳色，
悔教夫婿觅封侯。

我一直觉得做妻子的与其望夫成龙，把赌押在丈夫身上，不如自己成凤。其实女人的智商一点不比男人低。在男女平等观念早已深入人心的今天，女人何必继续依附在男人的羽翼之下，做他的后

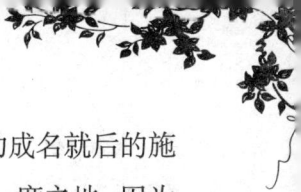

勤部长？何必等待那遥遥无期的夫荣妻贵,等待他功成名就后的施舍垂怜？倒不如自己努力工作,争取在社会上赢得一席之地。因为一来你无法保证你的丈夫一定会成为比尔·盖茨第二李嘉诚第三;二来你更无从把握你的丈夫一旦有了金钱和名利的光环照耀之后,不被身边美丽的花蝴蝶所迷晕。"男人有钱就变坏"虽不是一句颠扑不破的真理,但至少会给红颜渐老的你敲响警钟！不做男人背后的女人,只和他齐头并进;不做男人的附属品,只和他同行。如果有个男人可以依靠是女人的运气,如果男人靠不住,至少还可以靠自己。相反,如果把成功的欲望当成筹码押在丈夫所谓的功成名就身上,那么,这种欲望就如同张开的虎口,即使你的丈夫是一颗龙种,也会因为成长的速度跟不上享受的需要而过早丧生在欲望的虎口之下。

我突然想起了一对真正的模范夫妻——李安和他的妻子。

很难想象如今红透半边天,把金熊奖、金狮奖、金球奖、奥斯卡小金人全部抱走的李安曾经非常落魄潦倒,甚至一度在家吃了六年的"软饭"。事实上从纽约大学戏剧系毕业以后,李安并没有一帆风顺地开始拍片生涯,相反却陷入了"毕业即失业"的悲惨境遇。那六年的时间里,李安的家有点像是"母系社会",身为博士的太太天天外出上班挣钱,他在家带孩子,练习厨艺,当"煮饭婆"。当然,在那段"悠长假期"里,李安除了做饭,也练练书法、学学太极,有时还会构想那些不知道什么时候才会有人投钱开拍的剧本。现在任谁都知道,如果没有李安"家庭煮男"的独特经历,没有六年在厨房里的卧薪尝胆,恐怕就不会对人生这道大餐的"酸甜苦

男 不说，女 不懂
He keeps words, she keeps puzzle...

辣"感悟这么深，也不会拍出那别具风味的"家庭三部曲"(《推手》、《喜宴》、《饮食男女》)吧。家庭，既是李安成长的摇篮，也是他获取艺术营养的"电影母乳"。

有句话俗得不能再俗：一个成功男人背后一定站着一个女人。我很好奇，在一个大男人无所事事，靠做菜带孩子消磨时光的六年间，他的太太是一种什么样的心态？是嫌弃还是鼓励？理解抑或鄙视？或像前面提到的那个卖菜的女人那样不厌其烦不遗余力地望夫成龙？这肯定是一个有着非一般抑制力、非一般忍耐力、非一般洞察力的女人。是啊，李安认定了电影，而妻子认定了李安。整日苦拼、一心养家的妻子林惠嘉，居然成了后来李安拍的《卧虎藏龙》中两个女主角的原型——李安宣称她是兼具俞秀莲坚毅和玉娇龙叛逆的女强人。许多年以后，当华裔社区为手捧奥斯卡小金人的李安庆功，并将他的妻子评为"最佳贤内助"的时候，相貌平平的妻子上台致辞时只是很不经意说了句"Leave him alone"(我只是不管他)。别看这么简单的三个英文单词，里面的学问可大了！

都说李安做人有境界，我看他太太更有境界。要不，李安如今满世界风光，怎么还对他的这位结发妻子不离不弃呢？

夫妻是最亲密的敌人

"**夫妻**是最亲密的敌人。"

这是前不久一部家庭伦理剧《金婚》热播以后，女主角的扮演者蒋雯丽结合自己的创作体会以及和著名摄影师顾长卫长达十年的婚姻生活，总结出的一句人生感悟。

一位已婚男人激动地告诉我，这话说得好，讲得妙，没有做过夫妻的人是无法真正领会它的深刻含义的。

虽说我至今仍徘徊在围城之外，但城里的风光我却一直看得兴味盎然。就说张国立、蒋雯丽在银屏上演的这出"金婚"吧。长达50集的剧集，以编年体的形式，一年又一年地讲述了一对夫妻从1956年结婚一直到2006年金婚整整50年的坎坷婚姻路。起先，我以为，50年的长久夫妻关系，还不是像戏曲、话本小说所渲染的那样一天到晚"相敬如宾，举案齐眉"？是卿卿我我、平平淡淡、从从容容？总之，绝对是"高大全"的模式、真善美的典范、主旋律的样板。可是，不看不知道，一看吓一跳：从第一集新婚之夜开始，

这小两口就"开麦拉",不光是开饭,也同时开战,从此,三天一小吵,五天一大闹,床头打完床尾合,床尾刚合床头又打,周而复始,年复一年,爱了,恨了,打了,骂了,吵了,分了,笑了,好了。50年来,男女主人公经历了性格不合、吵架不断、为儿女操心、第三者介入、白发人送黑发人等种种矛盾、痛苦,在婚姻的铁轨上翻天覆地想分开、出轨,但是面对亲情责任,父母儿女,他们最后又都回到了幸福的婚姻轨道上。

有人说,电视剧里张国立、蒋雯丽这金婚五十年,既是相亲相爱的五十年,相濡以沫的五十年,也是争争吵吵的五十年,相互较劲的五十年,更是和谐和冲突相辅相成的五十年。直到七老八十要办五十年金婚的庆祝仪式,老两口还要为穿西装还是穿唐装吵得不亦乐乎。看完后,我恍然大悟:敢情古人所讴歌的"执子之手,与子偕老",真要实践起来恐怕得赛过二万五千里长征!

至于恩爱夫妻变成敌我矛盾也并非天方夜谭。记得以前曾经看到过一篇报道:国外有一对结婚六十年的夫妇,大张筵席,庆祝他们的金刚钻婚。席间有记者问老太太:"你们婚姻如此美满,不知六十年间,也有吵架之时?"老太太哈哈大笑:"吵架?岂止这个,有时候我甚至想把他给谋杀了,我从此好远走高飞……"当时我的反应和那位记者一样瞠目结舌。亲密爱人怎么一度也会演变成令人切齿的敌人?现在,我懂了:最爱的人往往伤你最深,而伤你最深的人无疑就成了敌人。从这个意义上来讲,夫妻何尝不是最亲密的敌人呢?就像一本书里写的:婚姻,如果没有真诚的爱,是一种战争;如果有真诚的爱,也是一种战争;婚姻创造出世界上最亲密、相爱的敌人。那么我说如果夫妻可以像敬畏敌人一样高度谨慎，可以像对待战争一样精益求精、计划周密、万无一失，那这场婚姻一定也是有可视性的、高质量的较量。你真的找到了对手。

美国影片《史密斯夫妇》大家看过吧，里面安吉丽娜·朱莉和布拉德·皮特扮演的一对杀手夫妻，两人情到浓时如胶似漆缠绵悱恻，一旦吵起架来，厨房就摇身一变成了战场，机关枪冲锋枪更变为夫妇之间互相开火的利器，那一刻，同床共枕的夫妻，变成互相厮杀的敌人，真是到了"爱你爱到杀死你"的忘我境界。而枪林弹雨之后呢，又烟消云散雨过天晴。就好像刚刚做了一场噩梦，上演了一出大戏。夫妻之间，就是这样，在你情我愿的柔情蜜意中你死我活地斗来斗去，是亲密爱人，也是欢喜冤家。

在世界上古老民族的神话传说中，都有创世纪的传说。有一种说法：当初上帝造人之后，一看造出的东西两边都是两张脸、四个耳朵、四个眼睛，两个身体都往前，又弄不开，于是上帝下意识地拿起刀从中间辟下去，从此，一边是男人，一边是女人。很快，上帝就发现，分开之后的这对男女又好像舍不得彼此一样，相拥相抱起来，但没多久又互相打了起来。上帝乐了，说，你们看，这就是人类。

自称跟老婆吵了大半辈子的柏杨先生也说，夫妇乃是上帝特别制造的吵架动物，一个是男，一个是女，一个来自天南，一个来自地北，硬用感情和法律把他们拴在一起，便是两头毛驴同拴在槽头上，它们还要又踢又咬，何况拴两个人哉？所以在围城里

泡成老油条的柏杨老儿干脆给家庭下了一个定义："家庭者，夫妇吵架打架的地方也，任何一个家庭，都有这种闹翻天的节目。"散文家周国平先生则认为，吵架跟恩爱是一对情人和夫妇的碳水化合物，恩爱与争吵的混合，大约谁也避免不了，区别只在：一、两者的质量，有刻骨铭心的恩爱，也有表层的恩爱，有伤筋动骨的争吵，也有挠痒似的争吵；二、两者的比例。不过，情形很复杂，有时候大恩爱会伴随着大争吵，恩爱到了极致又会平息一切争吵。

我记得美国的心理学家曾经写过一本书，书名就叫《夫妻，最亲密的敌人》。书里最开头就说夫妻必须吵架，这样便于真实地将不满与积怨发泄出来。不吵架不代表没有问题，只是矛盾被压抑了。所以说，其实吵架也是夫妻间相互沟通从而达成理解、宽容的一种方式。

不少婚恋专家也认为，夫妻吵架有时候是一种润滑剂、强心针，适当吵吵就跟植物界的光合作用一样，有利于新陈代谢，夫妻就怕冷淡，如果连架都懒得吵，最后冷淡就会变成冷漠甚至冷战，那就不是亲密的敌人了，而是彻头彻尾各自为政各怀鬼胎的敌人了。虽说英国作家王尔德曾鼓吹，婚姻是靠夫妻之间的谎言来维持日子。但真要到那一步，基本上就等着办离婚手续了，即使不离婚，同一屋檐下，整天说着言不由衷的话，那跟嫁给一个诈骗犯有什么区别？

所以，适当的小打小闹是夫妻生活的维生素，时不时补一下，还是恰到好处的。

当然，我在这里不是鼓励夫妻之间把吵架当成家常便饭，张口

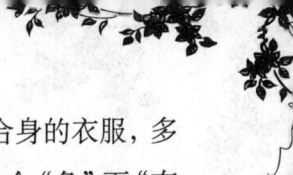

就吵，动手则打，夫妻吵架是门艺术，更好比一件合身的衣服，多一分则长，少一点则短，要量体裁衣适可而止，要学会"争"而"有限度"，"吵"而"不记仇"，倘若丈夫打老婆上瘾，妻子河东狮吼成癖，那这个家也就鸡飞蛋打永无宁日了，估计到时候就算你不想离婚，妇联法院也要主动来敲门了。

距离也是一种爱

距离产生美感。

这句话人人都懂，但要深刻领悟，恐怕真的是路漫漫其修远兮。

我的体会，在人与人之间的交往和相处当中，这绝对是放之四海而皆准的至理名言。它不仅适用于同事之间、朋友之间、父母儿女之间，同样适用于夫妻之间。

也许有人会不以为然：夫妻住同一屋檐下，睡同一张床，讲求的不就是亲密无间，干嘛还要保持一定的距离？既然都有距离了，还结什么婚，做什么夫妻？这不是自相矛盾吗？

在这里，我想先举两对夫妻为例。

大飞和小青是公认的金童玉女组合，大飞英俊，小青娇艳。恋爱那会儿，他俩是爱得天翻地覆，一天到晚就跟连体婴儿似的黏在一起，只要大飞出席我们的朋友聚会，小青绝对就像他的影子似的跟来了。两人经常在大庭广众之下相拥亲吻，旁若无人。起先我们都觉得肉麻，后来也就慢慢习惯了，每回看到他俩水乳交融似的爱法，我就忍不住检讨自己：好歹也爱过好几回了，怎么那份情始终也无法像大火一样熊熊燃烧起来？是自己太冷血，还是对方魅力不够？后来，这对"如胶似漆"结婚了，两人在公众场合照例是一对连体婴儿。作为男人，我一如既往地羡慕着、自责着。在一段历史时期内，我和身边的朋友都把他俩当成神仙眷侣模范夫妻的成功个案传诵着、研究着、借鉴着。直到有一天，大飞形单影只出现在我们面前，我还无法相信这对神仙眷侣的童话故事已成过眼云烟。如今想起来，大飞的话言犹在耳：结婚真是一座坟墓，恋爱阶段的浪漫甜蜜全被婚后生活的琐碎乏味所埋葬。以前对女友是一日不见如隔三秋，婚后当她天天穿着邋遢的睡衣睁着惺忪的睡眼躺在你身边，那份新鲜感神秘感一下子就荡然无存了。三天一小吵，五天一大闹已成家常便饭。多少次午夜梦回，他都怅然若失：昔日那个娇羞动人温柔妩媚的女友哪去了？

我还认识一对夫妻。丈夫林海，一直北漂，频繁跳槽于各大媒体，多年来住出租房；妻子文燕是高校老师，住在学校分的单身宿舍里。他俩刚结婚那阵子，没钱买房，所以在一个城市里过起了牛郎织女的生活。平时大家各忙各的，各自守在自己的一亩三分地里，每到周三和周末，要么林海来文燕的宿舍小聚，要么就是文燕到林海临时租来的斗大的"新房"里团圆，七八年来风雨无阻。起先，我们都不看好他们这种游击队式的夫妻生活，一度断言不出两三年，倘若他们还不买房，必定劳燕分飞。谁曾想，他俩的游击生活过得还有滋有味，什么"七年之痒"、"八年之痛"这些寻常夫妻必得的流行性感冒全都彻底免疫。前不久他们终于有钱买房了，两

人商议，大房入住以后，还保留各自的根据地，周一到周四还是各自为政，周末和节假日才实行集团军作战。有一次和林海喝酒，我忍不住问他夫妻关系保鲜的秘诀，林海神秘一笑，扔下一句话：距离也是一种爱。适当地过一下牛郎织女的生活，对提高夫妻生活的新鲜感和欣喜感不无裨益。

林海的话对我启发很大，看来距离也是一种爱。没有了距离，也就没有了思念，也就少了一份牵挂，缺了一点爱意。如影相随的，只是你的影子，是粘在身上的胶布，可谁又会爱上自己的影子，谁又会对一块冰冷的胶布产生爱意呢？国外有人就做过调查，发现远洋渔船海员的夫妻关系是最为和睦融洽的。这是由于工作的特殊性，丈夫经常在外漂泊，和妻子两厢厮守的时间不多，当夫妻天各一方的时候，思念就会在彼此的心中生根。此时此刻，夫妻之间本来渐趋平淡的感情反倒升华出一种浓浓的爱意。在这里，我不是鼓励丈夫都去当海员，也不是提倡夫妻之间刻意搞什么两地分居，异地相隔，而是主张彼此应该保持一定的距离感、紧张感。所谓，亲密有间才能进退自如，给对方多一点空间，也是给自己多一点自由，给这份感情多一点希望。

日本作家渡边淳一也认为，在日常生活中夫妻总是呆在一起，是彼此之间丧失新鲜感产生厌倦感的原因。在《丈夫这东西》这本书里，渡边就提议，只要不对抚育孩子产生影响，夫妻应当尽量外出，去五光十色的场所结交各式各样的人。如果条件允许，夫妻之间应该保持一定的距离，住在相距一段距离的地方，在周末相见；双方各自过自己的生活，想要见面的时候再见面。渡边淳一这里提出的实际上是周末夫妻的概念。我前面提到的林海和文燕在婚姻生活中奉行的就是这种平日不见周末再见的夫妻相处之道。另外欧美一些国家的夫妻还出现了同住不同床的"分床夫妻"，即除了做爱在一起，其他时间大家各睡各的床，据说这也是提高夫妻生活新奇感的秘方之一。在这里，距离是真正的产生了一丝妙不可言的美感。

在人类的各种情感中，思念是一种虽苦却甜的美好感受。当思念的长笛响起的时候，你刻骨铭心的那个人，必定不是你日日必须面对的人。思念的前提是距离，时间的距离，空间的距离；思念的结果是爱，更为浓烈的一种爱，更加投入的一种爱。

所以，泰戈尔说得好啊，我一次又一次的离开，是为了一次再一次的回来。

Chapter 5

色 戒

Letch, caution

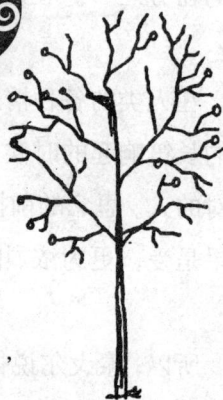

痴情女子的爱犹如一面"照妖镜"，

照出了一部分男人的自私和怯懦。

在女人"爱如潮水"的包围之下，

男人纷纷以"缩头乌龟"的方式采取了逃生之路。

婚外恋对一个痴情女子来说，

始终是一段"实习期"的爱情，

可能永远也等不到"转正"的那一天，

哪怕付出生命的代价。

如果遭遇这种情况，

痴情女子能否让那只在风雨中颠簸的

爱情小船暂时靠岸，

给对方，也给自己一个重新选择的机会呢？

多数已婚男人的外遇犹如一次情感度假，只是出去放松放松，
呼吸一下新鲜的空气。

就把丈夫的外遇当成一次"外出"吧！

一家建筑工地正在施工，不小心从上面掉下一块砖头，砸到了三个路人，碰巧都是男的。结果发现：一个未婚，一个离异，还有一个没离，但有外遇。

这可能只是一个笑话，但却足以反映出一个严重的社会问题：如今"家花开着外面野花养着"的男人越来越多。

有人做过一个统计，"外遇"这个词，已经和"离婚"、"跳槽"、"买房"、"炒股"一样，成了如今的都市白领各种聚会饭局上出现频率最高的词汇。只要是一帮女人凑在一起闲扯，估计最后不说到她老公（即便暂时没有也得大胆推测一番）以及其他男人的外遇是绝不善罢甘休的！

那么，究竟什么是外遇？如何给它下一个准确的定义？又怎样判定你的另一半已经移情别恋了？

外遇是指有婚姻关系的其中一人，与配偶以外的人发生超友谊的关系，也称作婚外情、出轨。英文称为 affair，是源自拉丁文的

adulterium，有损坏名誉之意。外遇的定义依不同研究领域有些许不同，在社会学辞典中，外遇即有发生性交（通奸）行为，属于婚外性行为之一种；若仅有"思想或行为上的不贞"而无实际的性接触，可称之为精神外遇。法律上，性关系被视为是外遇的必要因素，此性关系是指已婚者与非配偶发生自愿性的性行为。

只要是夫妻，一旦气候适宜环境允许，都有外遇的可能。不过，从各方面的调查来看，做妻子的大多守身如玉，主动出轨的只是少数；做丈夫的在男女问题上则普遍缺少自律，犯错误的几率显然要大。

前两年，上海一家婚恋研究机构就做过这样一个调查，发现下面十四种男人最容易出现外遇：有钱、有权的男人；对妻子不满的男人；风流"唐璜"及情场玩家；公司的老板或高层；太太已经"人老珠黄"的四五十岁的男人；妻子处于怀孕及生育期间的男性；家有"大女子主义"的男人；经受失业或降职等不幸遭遇的男人；追求浪漫或寻求刺激的男性；白领阶层的男性；经常或长期出差在外的男人；婚前性经验丰富的男性；朋友圈子中的一些人有外遇的男性；父母亲中有过外遇的男性。

最后一条有点意思：以前只知道身高长相来自遗传，想不到连搞婚外情也有遗传基因。国外学者的研究发现，大凡有婚外情的人，其父母辈或祖辈十之八九也都经历过婚外情，因此，得出了外遇具有遗传性的结论。这里不是指生理上的遗传，而是心理上的遗传。据分析，主要是因为下一代人对上代人的报复或补偿心理。

不过，已婚男人的外遇，也得具体问题具体分析。有天亮以后说分手的，也有天没亮就分手的，当然更多的是天亮以后不分手。如果仅是前两种情况，说明这个男人追求的仅仅是一夜风流的快感，乃纯粹的肉体寻欢，只要别得性病，还亡羊补牢为时未晚。倘若丈夫单位天天加班，手机回家就关，短信看完就删，内裤经常反穿，那就拉响警报了。搞不好，一时的偷腥发展成长期的偷情，露水鸳鸯摇身一变为二奶情人，那就意味着生米煮成熟饭，卧榻之旁已有他人安睡了。一旦形成"农村包围城市"的不利局面，夫妻之间长期建立起来的"战略性合作伙伴关系"说不定就岌岌可危了。

前不久，一位善良的妻子发现结婚十载的丈夫有了外遇，悲愤莫名。她跑到我的女朋友那哭诉：为了把孩子抚养好，为了把公婆伺候到，我呕心沥血起早贪黑，都由昔日的"花骨朵"熬成了今天的"黄脸婆"，如今家和万事兴，他怎么还这么没良心，干出这等缺德事？这究竟是为什么？

说到激动处，这位妻子泪流满面。

我很同情她的遭遇，她一心一意对待相濡以沫的丈夫，对待这个来之不易的家，换来的却是丈夫的三心二意见异思迁。是啊，很多做太太的都百思不得其解，男人怎么都这么生在福中不知福？家花野花全想要，鱼和熊掌都想兼得？

我只能说这是男女之间的心理差异吧。这个世界真奇妙，男人离不开女人，女人也离不开男人，所以男女会恋爱，夫妻要结婚。但有时候两个看似相亲相爱的人生活在一个屋檐下，同睡在一张床上，大半辈子过去了，多数情况下却你不了解我，我不理解你，男人和女人之间，永远竖着一道不可逾越的柏林墙。

就拿外遇这个已婚男人经常犯的错误来说，很多做太太的可能都无法理解这首先是出于男人的生理需求。日本当代著名作家渡边淳一在《男人这东西》这本书中花了很大的篇幅来探讨男人在婚姻中的不忠问题。他认为：雄性到处播散自己的种子，雌性借此孕育下一代，这是自然界的规律。由于人类亦是自然界成员，所以就其本质而言，也是如此。繁殖后代，衍续种子，所谓男人的"打野食"在某种意义上说，与雄性的本能有着密切的联系。

男人的性，有点近似于动物的狩猎本能，即越新鲜的果子越想品尝，越刺激的游戏越想挑战，越得不到的猎物越想得到。所谓妻不如妾，妾不如偷，偷得着还不如偷不着。男人在性方面始终像个探险家，对未知的女性充满好奇心和探求欲。尽管邓丽君曾经代表全天下的良家妇女善意地提醒过她们的丈夫：路边的野花不要采，但男人就像个淘气的孩子，你不让我采我偏要采。歌曲传唱得越广，男人采野花的劲头就越足。这就是男人，既想挑战世界，也想挑战女人，而且危险系数越高的"坏女人"，他们越有浓厚的兴趣。上个世纪四五十年代，好莱坞流行过一阵黑色电影，这类电影有一个万变不离其宗的母题：好男人如何被有着狐狸外表蛇蝎心肠的坏女人引诱以致最终走向毁灭。奇怪得很，黑色电影最辉煌的那段时期，美国的离婚率不降反升。男人就是这样，明知山有虎还偏向虎山行，且都把自个儿想象成了武松，不是拒绝潘金莲诱惑时大义凛然的那会儿的武松，而是在景阳冈上赤手空拳降服老虎时的英雄武松。

明白了这一点，我们就会发现围绕着柴米油盐的枯燥的婚姻生活无疑是和大多数男人追求新奇的狩猎本能背道而驰的。婚后生活越是安逸宁静，做妻子的越是安于现状，做丈夫的反倒越是失魂落魄。一个有了外遇的外企经理告诉我，日子一天一天过下去，老婆也一天天老下去，看着昔日诱人的水蛇腰渐渐地向水桶腰膨胀，他有一种万念俱灰的感觉。的确，让一个性功能尚未退化的中年丈夫对他黄脸婆似的妻子再十年如一日地神魂颠倒兴奋不已实在有点强人所难。怪不得这位外企经理感慨：看着这样一张被生活的重担逐渐磨去青春的脸，他除了同情就剩下亲情了，爱情是早就烟消云散了。接下来的进展似乎顺理成章，他外遇了，出轨了。正应了这么一句话：老房子是容易着火的，老男人一旦风流起来是无法收手的。

　　男人和女人对待婚姻的态度不一样也是造成男人纷纷出轨的一个心理因素：女人大都把婚姻看做一个保险箱，一旦进去了就会自动上锁；男人却总是把婚姻看成牢笼，甚至当成监狱，待久了就会烦闷，就想放风。这时候太太应该像监狱长学习，适当地给男人新鲜的空气呼吸，如果管得太严，男人就想挣脱锁链，甚至会逃跑、越狱，到时候局面就会一发而不可收拾。

　　我认识一个优秀男人，人长得帅不说，学历也高，工作也好，三十出头已是一家大报的采访部负责人，一直以来和妻子都如胶似漆，谁知结婚不到两年就有外遇了。丈夫对此的解释是，妻子的爱排山倒海，快把他淹死了。据他讲，从新婚燕尔之始，妻子就以爱的名义对他采取"紧逼盯人"战术，平时下班稍晚追踪电话就过来

了，"老公，你在哪？什么时候到家？我想你了。"和朋友吃个饭唱个歌甚至在外面做个采访，基本上每隔两小时身边的手机就会狂响不止，"老公，你怎么还不回家？我一个人害怕，你快回来啊！"至于当着老婆的面接个电话、收个短信，更是没完没了，刨根问底，"谁打来的？是男的是女的？认识多久了？怎么没听你提过？她找你什么事？她前天不是刚给你打过电话吗？又找你干嘛？"最可怕的是他俩结婚一周年的时候，妻子倒在丈夫怀里，开玩笑地说："你是树，我是藤，我绕你；你是茶，我是水，我泡你；你是饼，我是锅，我烙你。从今以后，咱永不分离。"

这海誓山盟的话，妻子说起来倒还满面娇羞，丈夫听起来却是一脸煞白。面对这份快要窒息的爱，丈夫只好选择暂时逃离，他说他要出去呼吸新鲜空气，否则就要憋屈而死。后来他跟我说，他在婚姻中迷失了自我，却在外遇中找回了自我。

在这里，我不是为已婚男人的外遇寻找借口，也不是把男人搞婚外情的责任全都往妻子身上推，而是站在男人的角度，找出他们犯错误的思想根源，和他们的妻子一道，惩前毖后，治病救人，而不是简单的一棍子打死，或像包青天那样动不动就为民伸冤来个铡美案。换句话说，现实生活中，那么多陈世美，就凭包大人一人的能耐，他铡得过来吗？

接下来一个问题，丈夫有了外遇，该怎么办？是大吵大嚷大哭大闹，还是一刀两断划清界限？抑或和第三者拼个你死我活玉石俱焚？

我以为，这三种方式都不足取。

很多社会调查显示，已婚男人外遇的数量虽然多，但在外面兜了一个圈，最后又回到原配妻子身边的也多，所谓"终点又回到起点，到后来才发觉"。即使离家出走和外面的女人同居，重返家庭的比例仍然很高。大多数已婚男性，越是功成名就的成熟男性，越不会抛弃妻子而与其他女人结婚。归根结底，家庭是男人多年来休养生息、抚平创伤的场所，在社会上生存的男性，无论他的权势多么显赫都免不了挫折和失败。于是，男人就产生了想家的冲动。在妻子身上，丈夫能得到母亲般的抚慰和亲人般的呵护，而这往往是年轻的情人所无法提供的。

　　而妻子的外遇正好相反，一旦离家出走，就很难再回头。和丈夫相比，实际上妻子有了外遇以后，重返家庭的比例非常之低。我记得渡边淳一开过一个玩笑，他说日本曾经有过一本从儿女角度来看父辈婚外情的小说，名叫《父亲回来了》，却从来没有《母亲回来了》这类作品问世，在这方面，可以看到丈夫和妻子对于外遇的决心迥然不同。

　　我觉得，多数已婚男人的外遇犹如一次情感度假，只是出去放松放松，呼吸一下新鲜的空气，当不得真。真正聪明的太太就应该把丈夫的外遇当成一次外出，任由他去，反正倦鸟都要归巢，游子都要回家，大多数有外遇的男人都是"海归派"，下了海还是会回来的，那做妻子的如果还依然在乎这个迷途知返的丈夫，为什么不能选择做"海待"呢？如果你甘心做个"海待"，说不定就能把远行的丈夫等回来。

　　当然，如果你觉得丈夫的不忠是对你自尊的公然挑衅，是对你们曾经美好爱情的无耻背叛，他外出的那天，你也可以顺理成章地从此把他扫地出门，就当放爱一条生路也好，成全那对狗男女也罢，总之，只要问心无愧了无牵挂，就好。

爱上已婚男人就像住进了出租房

不久前，在我和女作家赵凝共同主持的国内首档网络情感节目《情感蜜电码》的直播现场，来了一个外表娴静的东北女孩，她叫小雪。

小雪人如其名，皮肤白白的，眼睛大大的，一看就是那种清纯如雪的北方女孩。难怪一向对美女颇有研究的编导老丘惊叹：她有着乌苏里江的安宁。

我看到小雪的时候，不由自主地想起了温室里静静开放的白色玫瑰。她幽幽一笑：我希望自己是一朵圣洁的百合花，绽放在我最爱的那个男人的心中，因为百合，中国人取意"百年好合"。

然而，这朵百合却长年挣扎在婚外恋的痛苦漩涡中不能自拔。两年前一个偶然的机缘，生性文静的她被朋友带到了一间酒吧。那晚，她和一个优秀的已婚男人一见钟情。

"酒吧里的灯光很暗，我却感觉到他的一双眼睛亮晶晶的，就好像在黑暗当中有一盏明灯在照着你，非常温暖。我突然觉得，心房里仿佛被吹进了空气，自己不再是被遗忘的人。"

对于这次相遇，小雪用了充满诗意的文学语言来形容。

从那以后，她像飞蛾扑火一样地坠入了这张她精心编织的情网之中，并且执迷不悔地怀上了他的孩子。可是，就在男人准备打碎婚姻枷锁选择和她在一起的时候，男人的妻子告诉他，自己也怀孕了。是无意的巧合还是蓄意的"阴谋"？作为第三者的她，面对无辜的孩子该怎么办？面对妻子和情人，那个男人又会做出怎样的抉择？

我想即使我不公布答案，绝大多数网友也会猜到这个故事的谜底。男人倦鸟归巢，重投妻子的怀抱，只留下遍体鳞伤的她，一池萍碎。

在婚外恋这出上演了数千年也亘古不衰的悲剧中，不幸的女人，她们最终的命运却总是有着惊人的相似！

作为一个情感节目主持人，我想告诉小雪：已婚男人再怎么优秀，都是属于别人的。即使你目前拥有他，也是一种暂借的关系，就像临时租来的一个房子，产权并不属于你，你只能用青春作抵押，期限一到，迟早要物归原主的。也许，有些爱上已婚男人的未婚女孩会痴痴地问：我可不可以由房客变成房主？我的意见是当然可以，不过一般来讲这种机会相当渺茫，多数情况下原来的房主（好比人家的原配）未必会心甘情愿地转手出让，即便看似顺水推舟，骨子里也会百般刁难，最后房子（好比那个离婚的男人）就算到手估计也得伤筋动骨血本无归。

有时候，已婚男人就像是借来的一笔钱，当时花起来很痛快很

过瘾，但不要忘了，这笔钱迟早要还的，期限过了，倘若还赖着不还，债主（通常出演这个角色的是对方的妻子）通常会找上门来，棒打鸳鸯不说，最终也很有可能会人财两空。

　　此时，你唯一剩下的，就只有回忆了。而当初那段甜蜜的时光，好似小鸟一样一去不复返了。

当已婚男人
变成祥林嫂

看过一篇散文，记下了这样一段精妙的比喻：一个风度翩翩的成熟男人就像一辆四处招摇的旅游大巴，渴望远行的女孩都想搭乘。不过，一旦这个男人进入已婚状态，这趟旅行很可能没有终点。

一个第三者在QQ上跟我倾诉，说她知道这是一条不归路，但回头已经太难。每回她决定离开，那个男人就坐在一旁流泪，像一头受伤的野兽默默地舔舐自己的伤口。她说，我很怕男人哭，尤其是一个事业有成的中年男人。他哭，我也哭，他流下一滴眼泪，我就忍不住泪如泉涌。

哭过之后，男人就会向她解释、给她承诺："你放心，亲爱的，我会跟她离婚的，请你再多给我一点时间好吗？我会处理好的，我会给你一个满意的答案。"

第一次听，女孩很感动，也很自责，觉得自己太残忍，像个无情的债主一样不近人情，她觉得不应该逼他太急。渐渐地，她不再提起这件事，男人也好似把他说过的话忘到了九霄云外。第二次，

他们又发生了争吵，女孩忍不住旧事重提，男人只好继续重复上次的承诺，"你放心，亲爱的，我会跟她离婚的……"然后，她又不经意地发现男人痛苦的双眸中噙满了泪水。

女孩告诉我：一年下来，像这样的争吵，这样的流泪，这样的承诺不知道已经多少回了，起先她是感动和自责，逐渐地，这种情绪被不满和愤怒所代替，而如今，除了失望和麻木之外，她已别无选择。

有一天，她突然觉得她当初情不自禁爱上的这个潇洒大度举重若轻的成熟男人，已经变成了一个满腹冤屈只会诉苦的祥林嫂。他有难言的苦楚，他有万千的压力，但他就没有解决任何实际问题的办法。慢慢地，她对他只剩下了同情和怜悯。我问她，你还一如既往地爱他吗？她摇摇头，她说不知道。

他离不开他的妻子，但他也离不开她。她想离开他，可又于心不忍。

一个昔日眼中成功男人的典范，如今在她眼中已经成了一块鸡肋，食之无味，弃之可惜。

那当初，她为什么明知这是一条不归路，却还偏偏无怨无悔地爱上了他呢？

已婚男人的魅力到底在哪里？就像一瓶普普通通的可口可乐，它能风行世界誉满全球，其中的"秘方"究竟是什么？

很多人会同意这样一种观点：如果把那些尚在艰苦创业的未婚男孩看成期货，那么有着成熟外表和显赫地位的已婚男人无疑是现货。他们不仅智商高人一等，情商也同样出类拔萃。在跟一

些不谙世事的年轻女孩打交道的时候，他们除了会展现出自己成熟稳重的一面外，往往还会出其不意地使出两招致命的杀手锏：一个是倾诉，一个是眼泪。

也许有人会说，成熟的男人就像沉默的远山、浩瀚的大海，给人的感觉应该是坚毅而深邃，如果变得婆婆妈妈哭哭啼啼，哪个女人会喜欢？

这话只说对了一半。不错，成熟男人应该是顶天立地百折不挠的。但是任何人都有两面性，再坚强的男人也有疲惫的时候，有脆弱的一面。正所谓铁汉柔情，如果一个成熟的已婚男人突然间敞开心扉，露出了伤痕累累的疮疤，哪个体贴入微的女孩能不心碎？就好像一个绝代佳人不经意间脱下外衣，展现出自己美丽动人的胴体。试问，又有哪个有血有肉的男人能够抗拒？

同理，女孩也往往具有两面性，在看似柔弱的外表下可能蕴藏着一颗无比包容的心，面对一个在职场上叱咤风云的男人偶尔流露出来的脆弱，这个比他小十多岁的女孩，说不定会猛然间滋生出一种母性的情怀，深情地注视着面前这个为婚姻所伤、为工作所累的已婚男人，那一刻就像一个母亲在抚慰自己受伤的儿子。

不止一个第三者告诉我，她们就是因为受不了一个已婚男人在她面前动情的倾诉和默默的流泪，无可救药地爱上了他。尽管后来也知道在他的所谓"痛说革命家史"中包含着太多的谎言，但她已无力自救。这就好似一个溺水很深的人，即使你抛给她一个救生圈，她还是止不住地往下沉。

男人不说，女人不懂
He keeps words, she keeps puzzle

身未动，心已远

在婚外恋中，我们听到的比较多的是男人肉体出轨，但倘若一个太太精神出轨，又是怎样一种情形呢？不久前，一位马上就要当爸爸的年轻男士来到我和作家赵凝主持的网络情感节目《情感蜜电码》的演播室，为我们讲述了一段他太太怀孕期间精神出轨的特殊案例。

在一家外企担任市场销售总监的大齐看上去也就三十出头，虽然戴着墨镜，眉宇之间还是遮掩不住英俊和帅气。大齐刚刚和太太结婚两年，小两口一直如胶似漆，举案齐眉。三个月前太太意外怀孕了。这份意外让他俩措手不及。对此大齐的解释是："因为我正处于事业的上升期，但考虑再三后我们决定生下这个孩子。"

大齐的太太开着一家家居装饰店，由于怀孕，大齐把家乡的母亲专门请来照顾她。大齐在外企做市场，平时工作难免应酬很多，在太太怀孕期间，正赶上有几个重要合同要谈，所以一忙起来就没时间来陪她了。

有一天晚上，小两口都睡下了，可大齐忽然想起要从电脑里拷

份资料第二天带到公司，又爬起来打开电脑。在随手清理回收站时，大齐突然发现了一封奇怪的"情书"。情书是太太写给一个陌生男人的，写得很缠绵很动情。在信中，她叙说了对他的相思之苦，向对方倾诉了她怀孕期间的种种忧郁心情，最后结尾赫然写着："爱你，吻你！"

看完这封异样的情书之后，大齐形容他如五雷轰顶不知所措。他当时恨不得立马把她从床上揪起来问个明白，可一想到母亲就在隔壁休息，第二天一早公司还有个重要的会议要参加，会上总经理还要听他的工作汇报，大齐忍住了。

那晚，他一夜未眠。

第二天大齐硬着头皮开完了会。会上他说了什么，事后回忆起来好似一片空白。当晚他又碰上了一个推不掉的应酬。以往的应酬合作方免不了找小姐陪唱、喝酒之类的，有的甚至是……大齐对我们说对于这些他向来都是逢场作戏，也从来不做出越轨的事。可是那天晚上，大齐心中憋着一肚子的火，加上合作方也迟迟不肯松口签合同，在一家歌厅，大齐在客户们的觥筹交错中喝得酩酊大醉，最后他和其中的一名女客户在迷迷糊糊中去了酒店……

那天快凌晨6点他才从酒店出来。一看手机，赫然发现有25个未接来电，都是太太打来的，估计她要疯了。大齐当时脸上挂着一丝冷笑，心里有一种报复的快感。

到家后，太太闻到他身上的酒气后劈头盖脸就是一顿臭骂，大齐也反唇相讥，还一脸不屑地说道："对，我和别的女人上床了，就是你想象的那样。"

太太伤心欲绝，问他为什么要这么做，有没有想过肚子里的孩

子。大齐更火了，他愤怒地吼道："那你又做了什么，你怀着我的孩子还跟别的男人说'爱你，吻你'，你别装得道貌岸然了！"太太愣住了，她似乎完全没料到他知道了这件事。

说到这里，我分明注意到坐在演播室的大齐一脸黯然。沉默了许久，他没有说话。我只好继续发问。

大齐说，那次吵过之后，她哭诉着跟他说了这事。

那个男人是她的大学同学，毕业后就没联系过了。在她怀孕后，因为在家比较空闲，就经常上网，没想到在校友录上联系到了他，他是做 IT 工作的，因此白天、晚上基本都在网上挂着。她告诉他她怀孕了，他为她高兴，也流露出一丝的遗憾，说大学那会儿本来想追她，可是自卑怕她瞧不上他，一直也没行动。她怀孕后，每天上网给他汇报自己今天的身体状况，他也会很关切地询问。她有时候会抱怨说自己的老公经常应酬、工作繁忙，她怀孕后很少陪她，他就开导她，帮她分忧，还每天都仔细叮嘱她喝牛奶、吃水果，不能在电脑前呆得时间过长，需要做少量的运动之类的话。慢慢地，他们在网上建立了一种朦胧的感情，然后私底下又见了面。

她说，这种精神寄托给她的产前忧郁症找到了一个很好的宣泄的窗口。可是她坚决地说，他们的感情只停留在精神层面，没有越轨行为。大齐虽然相信了太太的坦白，但听完之后心中还是翻江倒海，难以平静。

从那以后，大齐下班后就更少回家了。他真想跟她分手，但想想肚子里的孩子都快五个月了，该怎么办？

很显然，这是一个典型的精神出轨的故事。太太尽管身未动，

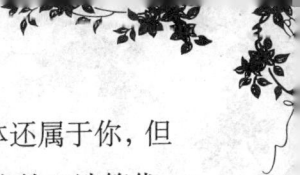

但心已远。和我一起主持节目的赵凝形容，她的身体还属于你，但心已经交给了另一个男人。我们一直以来，对肉体出轨口诛笔伐，那么对这类精神出轨又应该采取一种什么样的态度呢？精神出轨和肉体出轨，是不是都是对爱人的一种背叛？夫妻俩已经到了这个地步，如果继续维持婚姻，这个阴影能消除吗？他们的情感还能回到起点吗？女性怀孕期间精神出轨，会影响到将来孩子的健康吗？

演播室直播那天，现场的网友争论不休，有人说精神出轨和肉体出轨一样不可原谅，建议大齐在孩子生下来以后离婚，也有人说既然太太愿意回头，而且和对方没有实质性的性关系，为了即将出生的孩子着想，两人还是应该破镜重圆。

也有一位女人打来电话，对大齐厉声指责，说太太在怀孕期间精神出轨，完全是老公的责任，对太太缺少关爱，没有尽到一个丈夫的职责，还随便和人发生一夜情，素质非常低下。这位女人在电话里激动地说，凭什么男人到处拈花惹草，我们做妻子的就得忍气吞声？太太只是精神出轨，做丈夫的就不依不饶，这是不是一种男女不平等的表现？

一枝红杏出墙来

前不久连看了两部古装大片，一部是冯小刚试图华丽转身的《夜宴》，一部是张艺谋企盼圆奥斯卡美梦的《满城尽带黄金甲》。结果发现了一个很有趣的现象：这两部名导领衔巨星云集斥资千万美金打造出来的超级豪华制作，实际上都在讲同样一个故事——女人如何给她的老公戴上"绿帽"，哪怕在壁垒森严的皇宫内院，女人发起狠来，也照样绿帽横飞，即使令山河变色，也在所不惜。

碰巧，最近一直在重温列夫·托尔斯泰的名著《安娜·卡列尼娜》，发现这又是一个"绿帽缤纷"的故事。年轻貌美的安娜虽说嫁给了地位显赫的政府高官卡列宁，内心却一点都不快乐。为什么？因为这位比她大了足足二十岁的老公一天到晚不怒自威不苟言笑，既不会唱卡拉OK，也不会打高尔夫，连泡吧、讲荤段子都不屑一顾，简直一点生活情趣都没有，搞得安娜夫人极其郁闷。精神极度空虚之下，索性就"红杏出墙"了一把，勾搭上了伏伦斯基先生。这伏伦斯基何许人也？据说是一个高干子弟，不仅长得比郭富城还英俊，比周润发还潇洒，而且唱歌、跳舞、游泳、骑马、网球、桌球、壁球、弹球样样都精。遇到这么一个大情圣，安娜夫人简直有种枯木逢春的喜悦，两人从一夜情迅速上升到婚外同居的"高度"。这朵出墙的红杏就这么毫无顾忌地怒放了——而那位卡列宁先生知道以后自然是一张老脸气得惨绿。被自己的老婆戴了绿帽滋味能好受吗？于是他使出浑身解数来诋毁他们、围剿他们。安娜本来也不是一个随便的人，可一旦随便起来也就不是人了，为了这段梦寐以求的真情，她把那个年代上流社会所珍视的一切，什么名誉、地位、金钱、家庭全部抛诸脑后了。末了，连性命也不要了——在托翁笔下，这位出轨的女人最终卧了轨。

在《夜宴》和《黄金甲》中，两位热衷于偷情的王后也不可避免地以悲剧收场。都说男人是"情欲"的动物，自然在千百年来"婚外恋"这幕历演不衰的大戏中当仁不让地唱起了"主角"。而女人向来感情专一，嫁了人更有一种从一而终的心态，为什么也热衷于"红杏出墙"呢？

实际上，妻子"红杏出墙"，无外乎两种情况。一是丈夫无能或身患残疾（无能者又以性无能居多）。像《水浒传》里的潘金莲与西门庆勾搭成奸，《查太莱夫人的情人》中的已婚女人背着老公与健壮的伐木工人尽享鱼水之欢，都是为夫者不能承担起男人应尽的义务。这种情况下，女人出墙多数是"欲"的驱使。二是"情的需要"。这种情况多数发生在老夫少妻型的婚姻中：女人嫁了一个有钱的老头，吃穿不愁，洋房住着，洋车开着，却总是免不了的空

虚无聊。你想想，老公大你二三十岁，代沟简直比海峡还要深，哪里还能有什么共同语言？一个正青春逼人，一个早已槁木死灰，这哪里是嫁老公，分明是嫁老公公嘛！《安娜·卡列尼娜》中的安娜也好，《雷雨》中的繁漪也罢，包括《夜宴》、《黄金甲》中的章子怡、巩俐饰演的皇后，都是自个儿还忍不住活力四射呢，可身边却守着位如木乃伊一样的老头子，能不寂寞难耐吗？你看卡列宁和安娜，周朴园和繁漪，还有《黄金甲》里面的皇帝和皇后，他们站在一起哪有一点夫妻的感觉？我看更像校长和学生、领导和秘书、上级和下属，甚至猫和老鼠之间的关系。这种关系，只有高压，只有客套，只有冷漠，没有亲昵，没有甜蜜，没有快乐！

还是中国古人有智慧，早在一千多年前就对老夫少妻型的婚姻作了精辟的总结："春色满园关不住，一枝红杏出墙来。"为什么"关不住"？因为从生理机能上看，老头子已是"夕阳西下"，早就成了一道破败的门，哪怕再金碧辉煌，再富可敌国，毕竟也年代久远了，也开始油漆脱落了。年轻的妻子则是门里长出的一朵鲜艳的花，总是要奋力开出的，而一旦遭遇了像周萍、伏伦斯基、于连这样的"阳光雨露"，便要灿烂无比地绽放出来，这既"关不住"，也"管不住"。谁愿意提早进入"活死人墓"啊，就算嫁进去了，也得出来放放风吧？要不繁漪怎么一个劲儿地乞求周萍："快点带我走，我都快闷死了，渴死了，憋死了！"

也难怪一向对男女问题颇有研究，曾经妄想于花甲之年玩玩"老少配"的柏杨老先生在他一本书中也不由得感慨："文学作品，凡是以老夫少妻作体裁的，写得天花乱坠的，无不有一个公式，那

就是少妻一定对老夫不满意或不满足。平常日子，还无可无不可。可是有一天，一个白面书生，或一个年轻力壮出现，少妻一瞧，立刻发紧，结果勾搭成奸，老头子头上的绿帽，一顶一顶又一顶，层峦叠嶂，好不辉煌。老夫少妻一旦遇到小说作家，算是倒了天字第一号大楣。"真可谓绿帽沉重，王八难当。连柏杨先生自己也承认："如果仅从文学作品和影视作品来看，老夫少妻的婚姻，乃产生悲剧、丑剧，甚至惨剧的温床。"

柏杨先生就坦言，他有一位老友年近七十，虽家财万贯，但连睡觉都感觉腰酸背痛，身边的太太却三十如许，那场面不说也罢。有一回照例做床上运动，不到两分钟，娇妻便把他从身上愤然推下，然后掩面而泣，老头羞愧得差点当场喝敌敌畏自杀。柏杨形容，"到了那种地步，纵有千言万语，黄金美钞，以及美国的居留证，都没有用。娇妻不是积郁一辈子，身心俱碎，便是另谋发展，绿帽横飞。"在我看来，这种得不到"性福"的婚姻何必勉强，晨钟暮鼓毕竟敌不过如狼似虎，久而久之，美貌的娇妻就会蜕变成"脚气"，虽然心痒难耐，却也痛苦难当，还不如干脆让她"跳槽"算了，省得攒下无数个绿帽难以收场。

不过世事无绝对，也不是所有的老夫少妻型的婚姻都以妻子"红杏出墙"，丈夫"狂带绿帽"的悲剧收场。像年轻时因失恋写下畅销书《少年维特之烦恼》而名噪一时的德国大文豪歌德先生，就在晚年遭遇了一次美丽的黄昏恋。一名十八岁的妙龄少女硬是疯狂爱上了他，当时老先生已经八十多岁了，感到难以理解，就

He keeps words, she keeps puzzle 男人不说，女人不懂

问她："老年如夕阳，即将落山，有啥可爱之处？"妙龄少女的回答让老头子顿时如沐春风："我就爱那夕阳的抹红。"我估摸着，韩菁清爱上梁实秋、翁帆爱上杨振宁，大概都是像那位少女那样爱上了"夕阳的抹红"。

但大千世界毕竟以凡夫俗子居多，像这种至情至性至高境界的婚姻实在是凤毛麟角！如果有，我们还是真诚地祝福他们吧！

青山不改，绿帽长留

从小我就发现中国的男人特别爱戴绿帽。尤其是在一些农村题材的影片中，经常可以看到头戴绿帽的转业干部、大队支书，在田野阡陌，在村口镇上，或急匆匆地赶路，或与乡亲们促膝谈心，往往走到汗流浃背、说到心潮澎湃的时候，头上的那顶绿帽还闪闪发光！

然而，此"绿帽"非彼"绿帽"也。我们现在经常挂在嘴边的"绿帽"最早是唐朝一个叫李封的县官发明的。据说他任职延陵县令期间，规定若官吏有罪，可不加杖罚，但须头裹绿巾以示羞辱，且期满后才能解下。这大概就是"绿帽"的最早来源了。至元明时，政府部门更要求娼妓家中的男人都得戴绿头巾。从此以后，就用戴绿头巾、绿帽子等来讥讽妻子有外遇或淫行的男人。于是女人红杏出墙，自家的男人便戴起了绿帽，所谓红花还得绿叶配，一红一绿交相辉映，真乃"红杏枝头春意闹"也！

俗话说得好,青山不改,绿帽长留。说起中国的绿帽文化那真是源远流长,不仅普通老百姓"长戴不懈",连住在深宫大院里面的皇帝老儿也争先恐后地抢着"戴"。别看中国的皇帝个个六宫粉黛,大小老婆无数,可精力毕竟有限,哪儿忙活得过来啊,难免就有"漏网之鱼",偶尔也要出去"透口气、兜兜风"。柏杨先生就曾经说过:"世界上最危险的事,莫过于皇后红杏出墙,给皇帝戴回绿帽。"可历史上皇后妃嫔偷人,比比皆是。要不怎么有"脏唐臭汉"之说呢。特别是隋唐时期,上至君王下至朝野,戴绿帽成了一种时尚,甚至出现了儿子给父亲戴这样精彩纷呈的"绿帽剧"。

比如历史上有名的暴君隋炀帝杨广就亲手给自己的父亲隋文帝戴了回"大绿帽":在老爸病重期间,他居然调戏起了自己的后妈荣华夫人,结果把隋文帝给活活气死了。登基以后这位仁兄干的第一件事就是把自己的两个后妈公然据为己有。正所谓是善有善报恶有恶报,等他一死,他的正式夫人萧皇后就先后沦为了伪皇帝宇文化及的妃子、窦建德的宠妾和两代突厥番王的王妃,最后还莫名其妙地变成了唐太宗李世民后宫中的"昭容"。杨广先生可能万万没有料到,他竟先后五次被带上了"绿帽子",这在中国古代帝王中也算是登峰造极了,大概这就是他弑父夺母的报应吧。

有意思的是,唐太宗给隋炀帝戴了"绿帽",自己却也一不小心步了隋炀帝父亲的后尘。他那个懦弱的儿子唐高宗李治竟也处心积虑地想给他戴个绿帽。在他晚年,小老婆武媚娘(就是后来的武则天)就一直偷偷和他儿子私通,在他还没死的时候就让他当了"绿毛乌龟"。

除了皇帝老儿戴"绿帽"戴得不亦乐乎，文人才子也争先恐后。据《柳如是别传》记载：生活在明末清初的一代名妓柳如是，从良不久就给丈夫戴了回"绿帽"。她的丈夫是谁？明朝的礼部尚书、大名鼎鼎的文坛领袖钱谦益是也。钱谦益这个人，怎么说呢？不缺钱不缺才就是缺点骨气，清兵入主中原后迫不及待做了贰臣。有一回钱谦益北上公干，柳如是就在家里偷起了人。钱谦益回家后闻讯大怒，柳如是倒不慌不忙地说了一番话，反倒叫戴了"绿帽"的文坛领袖哑口无言。她说什么了，仔细听来："国破君亡，士大夫尚不能全节，乃以不能守身责一女子耶？"

　　这话说得好啊！这"绿帽"戴得也确实漂亮！作为一个男人，我实在佩服这个风尘女子的胆识！

　　不过历史终究是历史，一切都俱往矣，数绿帽人物，还看今朝。

　　如今真是男女平等了，既是男人随便把外遇当成外出的时代，也是女人红杏出墙、公然让男人"绿帽横飞"的时代。在美国，1991年，芝加哥大学对一些已婚妇女进行了调查，当问及她们是否有过婚外性行为时，10%的回答是肯定的。到了2002年，这个比例上升到了15%，而男人回答"是"的也只不过是22%。对这个调查的最好解释就是：女人越轨的几率正在接近男人，今天的妇女开始变得和男人一样在这类事情上无所谓了。

　　曾经在杂志上看到过一篇各国老公戴绿帽后的不同反应，非常搞笑。美国老公：一夜未眠。第二天一大早给自己的律师打电话详谈了三小时，收集老婆不忠的证据一大堆，然后回家对老婆说："亲爱的，我们法庭上见。"法国老公：一夜未眠。第二天一大早跑

去花店买玫瑰九百九十九朵送给老婆，另外再买一大盒春药，准备重振雄风以挽回老婆芳心。俄罗斯老公：一夜未眠。第二天一大早穿起祖先的盔甲、举起祖先的长剑，喝下一瓶伏特加，大步流星走到那个男人门前，高声叫嚷，要求决斗。意大利老公：一夜未眠。第二天一大早老公精神失常，将自己反锁进小黑屋。数日后，老婆破门而入，发现屋内有油画数十张，均出自老公之手，且均价值连城。德国老公：一夜未眠。第二天一大早打开笔记本电脑，上网收集各种数据，以求证老婆为什么会有外遇。天长日久竟变成婚姻问题专家，著论文无数篇，发表后获国际大奖，得奖金若干。

在中国，关于老公戴了绿帽以后有何反应呢？有个段子据说广为流传：一等男人国外有家，二等男人家外有家，三等男人花中寻家，四等男人下班回家，五等男人妻不在家，六等男人妻子好容易生了个仔，孩子越养越像她的那个他！五等男人已经有疑似"戴绿帽"的嫌疑了，六等男人在外人眼中简直就成了个抬不起头来的"绿毛乌龟"。是啊，儿子养了半天竟然是别人家的，对中国男人来说可以称得上是奇耻大辱，那比割地赔款还丢人现眼。轻则动怒，重则动手、动刀子，甚至还会出人命的。因为中国男人最不可忍的两件大事，一是杀父之仇，二是夺妻之恨。妻子没了名节，就意味着丈夫有了绿帽子，于是一幕幕刀光剑影就围绕着这顶绿帽子展开了。上至宫廷，下至平民百姓，多少人为了这顶绿帽子大打出手，血流成河。别以为只有中国的女人被贞节牌坊给束缚住了，事实上同时被束缚着的还有中国男人。男人怕戴绿帽和根深蒂固的处女情结一样，是赤裸裸的占有欲，是虚张声势的"面子工程"，

也是骨子里自卑脆弱的表现。

　　所以，在这里奉劝各位已婚男士，这年头，可以去当律师（多赚钱啊），顺道办个绿卡（多威风啊），得空喝点绿茶（多悠闲啊），小心别戴绿帽（多丢人啊）！

Chapter 6

剩女成精

marriage leaves iron woman

明明是冰清玉洁的"圣女"，

条件优越的"胜女"，

居然在竞争激烈、优胜劣汰的婚恋市场上沦为了

没人疼也没人爱更没人可嫁的"剩女"！

这世道怎么这么不公平了？

可"剩女贞德"们个个心高气傲，

谁也不愿意一朵鲜花就这样插在牛粪上。

她们都幻想着自己心中的另一半是汤姆·克鲁斯，

是比尔·盖茨，

甚至是同时装载了帅气、品德、智慧、财富等

多种功能的"超男"。

只可惜这始终是个遥不可及的梦。

做"狐狸精"还是"白骨精"？这是一个问题。

"剩女贞德"

地球人都知道，在15世纪法兰西出了个美貌绝伦的圣女贞德，为了民族的解放运动，她不惜抛头颅洒热血，可谓"生得伟大，死得光荣"。谁知到了21世纪的今天，中国内地的北京、上海、广州等现代化大都市，也雨后春笋般地涌现出了不少"贞德式"的女青年，为了追求经济上的独立自主和人格上的完整自由，她们也是抛青春洒汗水，可惜，百般修炼下来没有成为"圣女"，反倒在岁月的蹉跎中辜负了良辰美景，沦为了嫁不出去也没有爱情滋润的"剩女"。我也形象地称之为"剩女贞德"。

最近，我应邀做客一个财经节目，就现场亲眼目睹了三个条件相当不错的"剩女贞德"，她们当中有身家过千万的女富豪，有谈吐不俗的女画家，也有丰姿依然绰约的知名女演员。本来，她们都是当之无愧的"胜女"，胜在典雅的气质，胜在不凡的阅历，胜在丰厚的收入。然而，"岁月是把刀，刀刀催人老"，在时间这个残酷的竞技场上，女人就像龟兔赛跑中那只骄傲的兔子，即使一时风光

无限，最终也难免落败，更何况她们都没有找到一个最爱的、深爱的、想爱的、亲爱的人来告别单身，反而让身边的亲朋好友倍感压力，于是她们无一例外沦为了乏人问津的"剩女"，变成了蔡依林嘴里"没人疼没人爱"的"单身公害"。

也真怪，这年头，既盛产美女也风靡"没女"，比如韩剧《我叫金三顺》里面那个没身材、没青春、没收入的"没女"金三顺也一不小心火了起来。即使同属漂亮美眉这一科，差别也很大，在高校不是一度流行这样的打油诗吗：女大学生是黄蓉——在男人面前绝对气势如虹；女研究生是李莫愁———遇婚姻就发愁；女博士则是灭绝师太——基本上已成"单身公害"。

前不久，正在北京电影学院读研究生的赵薇做客杨澜主持的《天下女人》时，声称她坚决不会再考博士，理由很简单："女孩子念太多书不太好，书读多了，男孩子都不敢追你了。"聪明漂亮的"小燕子"都怕读书读到走火入魔变成"灭绝师太"，遑论一般女孩子乎？

据有关资料显示，现在京沪穗三地的"剩女贞德"越来越多。光是北京，70年代出生至今单身的大龄男女就有50万人，其中女性超过6成；在上海和广州，则有超过86万名的70年代适龄女性至今未婚，比10年前多了24万人。与此同时，男性独身的比例却下降，由10年前的36%下降至现在的34%。"剩女"、"剩男"有一个明显区别："剩女"中三高人士（高学历、高收入、高素质）居多，"剩男"则向三低人群（低学历、低收入、低素质）逐步滑落。这就意味着大量的"白骨精"（白领、骨干、精英的简称）们所要面对的将不是同样受过高等教育的"唐僧"们，而是一大群"小时候缺钙、长大了缺爱"的虾兵蟹将。

我估计，"剩女贞德"们个个心高气傲，谁也不愿意一朵鲜花就这样插在牛粪上。她们都幻想着自己心中的另一半是汤姆·克鲁斯、是比尔·盖茨，甚至是同时装载了帅气、品德、智慧、财富等多种功能的"超男"，只可惜这始终是个遥不可及的梦，就像小时候看的童话故事《水晶鞋与玫瑰花》，谁都想嫁给那个英俊富有的王子，可水晶鞋只有一双，就算你幸运地得到了，穿在脚上还未必舒服。

所以"剩女贞德"们要想走出婚恋的怪圈，获得真正的幸福，就得放下架子。您已经脱贫致富了，为什么不能来点"扶贫"精神啊？"扶贫"当然不是非得嫁贫下中农不可，而是审时度势，适当屈就，比如您是女研究生，能不能下嫁男本科生？您是女局长，男科长如果有合适的您嫁不嫁？前苏联影片《办公室的故事》中那个女局长就是勇于"扶贫"的典型，敢于和手下的男职员"眉来眼去"，最后皆大欢喜。试想，如果女局长老想以她四十岁的高龄、铁桶般的"注水"身材，企图嫁个男部长男主席什么的，恐怕"半老徐娘"最后熬成"全老徐娘"也没戏！最后"白骨精"都变成"北大荒"（北京、大龄、情感始终荒芜的简称）了，恐怕悔之晚矣！

也许您身边就有不少潜力股，保不准在您的慧眼之下茁壮成长为又一个李嘉诚、比尔·盖茨呢？

女强人为什么总是让男人闻风丧胆？

我不知道"女强人"这个词是谁发明的，翻遍了《辞海》、《辞源》也没找到出处。厦门大学教授易中天在《中国的男人和女人》这本书中认为，严格意义上的女强人应该是《水浒传》中的顾大嫂、孙二娘等人，因为所谓强人者，出没绿林闯荡江湖，专一杀人越货打家劫舍者也。既如此，则"正宗"的女强人，自然也就非顾、孙二位莫属了。因此，易中天教授认为：当代舆论界把那些有能力、有气魄、有责任心、有自由意识和独立人格的新女性称之为"女强人"，实在不妥。

不妥归不妥，但这个词现在很流行，人们经常给在职场上抛头露面、敢打敢拼乃至六亲不认的"三高女性"戴上这顶帽子。但说句实在话，女强人实在是一顶戴不得的高帽，男人见了望而生畏，女人自己也觉得别扭。有几个被冠以女强人称号的"三高女性"是"春风得意马蹄疾"的？她们大都人前风光，人后寂寞；人前欢笑，人后落泪；人前衣香鬓影，人后伊人憔悴。难怪同样是成功人士，男女之间却同途殊归：每一个成功的男人背后都有一个女人，而每一个成功女人的背后却有一段失败的婚姻和破碎的感情。最近看到广东一家媒体的调查，那里近九成的女性不愿意当女强人，而且非常反感这个称呼。连一向被人看成女强人典型的洪晃女士，也在她的一篇博文里调侃：所谓"女强人"是指能干的女人，但是不包括做家务能干的女人。

女强人这个词虽既不叫好也不叫座，但却没有因此下岗退居二线，反倒"与时俱进"了。前不久，一部根据畅销小说《穿普拉达的恶魔》改编的同名影片在全球风行，引进国内时，盗版碟商干脆把影片片名翻译成了略带挖苦讽刺色彩的《时尚女魔头》。于是乎，后者的大名不胫而走，在时尚界、传媒界、企业界，这个叫"时尚女魔头"的时髦词汇大有取代"女强人"成为"三高女性"新型代名词的趋势，只不过它更加带有调侃戏谑意味，也更有性别歧视色彩。这让我想起了二十年前撒切尔夫人主政时的英国政坛，当时，撒切尔夫人雷厉果敢的作风让一向傲慢懒散的英国人闻风丧胆，于是一个"铁娘子"的绰号应运而生。我不知道撒切尔夫人听到这个有点"不男不女"的绰号作何感想，夫人的先生又是一种什么态度，反正当时正在上中学的我正抱着古龙的一本武侠小说《楚留香》看得津津有味，"铁娘子"这个称呼总让我想起书中那个半男不女妖里妖气的"雄娘子"来。

说起"雄娘子"，突然打开了我若干年前的一段记忆。那还是我大学毕业第二年，在一家小杂志社做兼职记者。那家杂志社的主编也是一个三十多岁的单身女性。说她是"女性"实在是勉为其难：留了个假小子头不说，胸部看上去更是"一马平川"，比华北平原还要平坦，平时穿衣服也是典型的职业套装，说话从来都是不苟言笑的，一点女人味都没有。她个头虽然不高，但说话办事雷厉风行。杂志社的人都很怕她，她的办公室是独立一间，离大家远远的，就像一个孤立的城堡。每一回属下给她汇报工作，都得深呼一口气以平复紧张的心情，然后蹑手蹑脚地走进去，而每当她的高跟鞋在楼道里响起，整个杂志社都开玩笑说萨达姆来了！由于她身上的第二性征确实太不显眼了，因此大家私底下就把"雄娘子"那个雅号毫不客气地送给了她。

最近我应邀做客一档财经节目，畅谈"时尚女魔头"的话题。由于好莱坞那部同名影片对这类女老板进行了妖魔化的处理，加上当年的"雄娘子"给我留下的惨痛记忆，在我印象中，所谓"时尚女魔头"应该都是"无睡眠、无笑容、无心肝"的"三无冷血女人"，结果那天请到现场的两位女老板却让我非常吃惊，她俩不仅看上去笑容可掬和蔼可亲，而且通情达理风趣幽默。同影片中梅丽尔·斯特里普扮演的女魔头米兰达最后为了保住自己的地位以至于"赔了丈夫又折兵"迥然不同的是，两位女老板都有一个幸福美满的家庭，妇唱夫随，父慈子孝，真是羡煞旁人！

可是当我做完节目走出演播室，一种担忧不由又涌上心头：在男尊女卑男强女弱观念早已根深蒂固几千年的中国社会，又有多少男人会像这两位女老板的丈夫那样具有一颗包容之心呢？

因为在中国的历史上，我们常常看到很多女强人当事业处于"无限风光在险峰"时，个人生活却是孤零零的"天生一个仙人洞"。

表现在宫廷斗争中，就是饱尝了丧夫之痛的寡妇为了保住自己那点可怜的权益不被身边其他男人侵犯，只好心狠手辣不择手段地做起了女强人，如汉宫的吕雉，辽国的萧太后，清末的慈禧；表现在民族大义上，丈夫都战死疆场为国捐躯了，咱就来个"穆桂英挂帅"、"十二寡妇征西"；表现在家族纷争中，老公整天拈花惹草夜不归宿，哪怕厉害如王熙凤者也没辙，谁叫封建社会"夫为妻纲"，就算你"爱上一个不回家的人"也得认命，于是这位巾帼只好靠协理宁国府贪赃枉法来发泄不满。当然，武则天在这方面似乎比较幸运，老公唐高宗在世的时候就让她一起协助理政，天下人共称"二圣"，似乎没有后顾之忧。可当事业真的做大了，老公还是心里不舒服，后来不还是偷偷背着她找了宰相上官仪想一纸诏书废了她，幸亏武则天反应机敏，才算逃过一劫。但原来同甘共苦的丈夫从此跟她是彻底离心离德了。武则天当上女皇帝以后大肆豢养男宠，大概是后来受到冷落，在夫妻性生活上也得不到满足的原因吧？古语云：牝鸡司晨，老婆掌了大权，这还了得？即使窝囊如唐高宗者估计也难免愤愤不平。

这就是在中国当女强人的悲剧！

从一个男性的视角看过去，女强人好比是男人心目中的珠穆朗玛峰，高大神秘。虽然男人都有征服名山大川的欲望，但珠穆朗玛峰海拔太高、气候恶劣，很难攀登上去，除非是珠峰队员。可如今中国男人个个惜命如金，目光短浅，登个黄山泰山还嫌累，谁还愿意把宝贵精力花在一座难以企及的巨峰上？这大概也是中国式的女强人大多让身边的男人闻风丧胆，只能陷入孤芳自赏的尴尬境地的原因吧。所以，在那天的节目中，我只好调侃，中国的女强人一般都深得范仲淹《岳阳楼记》之精髓：在事业上往往"先天下之忧而忧"，在感情上只好"后天下之乐而乐"了。

从某种意义上来说，所谓女强人也好，"三高女性"也罢，也是一种弱势群体，同样需要社会各界的关怀！

什么样的男人敢把女强人娶回家？

小时候读史，我就纳了闷，"巾帼不让须眉"的女皇帝武则天，怎么就心甘情愿跟了唐高宗李治这样一个缩头乌龟式的小男人？按理说，她也是他父亲——大名鼎鼎的唐太宗李世民身边的"才人"（妃嫔的一种）。史载："（武则天）年十五，上闻其美，乃入宫，为才人。"唐太宗和武则天，一个雄才大略，一个精明强干，简直是天造的一对，地设的一双！他俩怎么没来个"在天愿做比翼鸟，在地愿为连理枝"呢？后者反倒宁愿担上"乱伦"的骂名，和丈夫前妻的儿子勾搭成奸？

后来才知道，武则天没和唐太宗比翼双飞，倒不是因为相貌平平，而是因为她的个性，按照现在的话来说，她太"锋芒毕露"了。据《资治通鉴》载，"太宗有马名师子骢，肥逸无能调驭，才人武氏为宫女侍侧，言于太宗曰：'妾能制之，然须三物，一铁鞭，二铁锤，三匕首。铁鞭击之不服，则以锤锤其首，又不服，则以匕首断其喉。'"

史书上没有明写唐太宗当时的反应，但我想，一个像唐太宗

这样纵横天下、杀伐决断且大男子主义十足的开国皇帝，断不会喜欢武则天这种善谋断、多机变、巧心计的女人，哪怕当时她还是个十多岁的小女孩。相反，李治这个智商低、体质弱、脾气好、能力差的阿斗型接班人才会对这样强悍的女人心中充满神往。自古弱者偏爱强人，小女子总爱大英雄。同理，小男人也往往对大女子倾慕不已，而后者也往往能在前者唯唯诺诺的个性中激发出母性的光辉来。这也大概是武则天没有对唐太宗从一而终，偏偏死心塌地爱上唐高宗这个有点窝囊的男人的原因所在吧？

　　女强人这朵红花尚有"小男人"这样的绿叶来映衬，那么女博士又会遇到怎样的知音呢？在这方面，宋代的才女李清照堪称三生有幸，遇到了赵明诚这样知书达礼外加通情达理的如意郎君。据说李清照出嫁以后，与丈夫琴瑟和谐不说，这对文采过人的夫妇还经常唱和不绝，有点像现在歌坛那对整天"幸福得像花儿一样"的傅笛声、任静夫妇，一天到晚就在那儿甜蜜地唱着"你是幸福的，我是快乐的"——相传有一回，赵明诚去外地公干一阵子没回家，李清照想老公了，就寄了首词给他。赵明诚接到以后，估计激动得三天三夜没睡，一口气写了五十首，把妻子写的那一首也夹杂其中，也不写清作者，就直接拿给好朋友陆德夫点评。这位陆兄看了半天，做出了如下批语："此三句最佳，'莫道不销魂，帘卷西风，人比黄花瘦'。"赵明诚听了直乐，陆德夫忙问其故，赵明诚说："这三句是我夫人写的，都说她才气比我高，这下我算是服了！"从那以后，赵明诚见了李清照，大概只会说一句"I服了YOU！"。要换了其他小肚鸡肠的男人，看到自己老婆才高八斗，

不羞愧难当才怪！古语"宰相肚里能撑船"，我看这位女博士丈夫的肚里简直能"装航母"（李清照也堪称词家中的"航母"），所以现今女博士要嫁人，还得找个像赵明诚这样本身有点墨水，但还不至于尖酸刻薄嫉贤妒能的文人，否则纵然是"举案齐眉"，到底意难平啊！

做一个丈夫不容易，做一个模范丈夫更不容易，而做一个女博士女强人的模范丈夫更是难上加难。不久前看奥斯卡获奖影片《女王》，我就对伊丽莎白女王身边那位菲利浦亲王产生了浓厚的兴趣。娶了一个贵为英国女王的太太，后者风头出尽风光占尽，作为男人，心里是一种啥滋味？可惜影片对这方面着墨不多，我估计导演是想给尚在人间的这位行事低调的老亲王留点面子。有一回，跟一个著名影评人周黎明先生谈起《女王》，他就对菲利浦亲王的境遇颇为同情。他说："每一个成功的男人背后都有一个女人，这句话如果用在女王身上正好可以反过来，一个成功的女人背后同样有一个好男人，但这个好男人在大众的世俗的眼光中就是一个窝囊的男人！"

周黎明先生的话可能说出了某些世人的看法，但也不尽然，我身边有一哥儿们，就是一家普普通通的广告公司的设计人员，偏偏娶了一个收入地位都比他高的外企女经理。起先我们都不看好，认为不出三年就会进入"三年之痒"，谁知历经数载，双方依然恩爱如昔，我们都大跌眼镜。仔细一问，哥儿们居然面有喜色。原来，这位在外面动不动就像刘胡兰吴琼花一样大义凛然不屈不挠的"女中豪杰"，一回到家就摇身一变成了个"小女人"，每当丈夫在家喷云吐雾做决断状时，太太必然小鸟依人在其怀中，娇声细语地犯嗲："老公，你好棒！老公，我离不开你！"这甜言蜜语就像一粒粒伟哥一样输入我那哥儿们体内，让他总是雄心万丈，牛气冲天！

看来，男人有时候既想当个英雄，让老婆崇拜着；有时候也想当个孩子，需要老婆哄着。聪明的女人一旦掌握了这两个诀窍，甭说是女强人女博士，就算是女国王女总统，男人也会心甘情愿地把她娶回家。

离婚了，幸福还会眷顾我吗？

一个人到中年的"白骨精"，和朋友合开着一家很大的广告公司。我认识她以后，看她公司的业绩是蒸蒸日上，可奇怪得很，每次见她都是一副愁眉深锁的样子，令人不解。渐渐地，我注意到，外表优雅迷人的她总是孑然一身。有一回我和她单独吃饭，终于忍不住关心起她来，问她，你为什么老是看上去那么不开心？你的老公呢，怎么没见他陪在你左右？

"白骨精"凄然一笑，长叹一声：你是问我哪个老公？我都离两次婚了。我不想再找了，太累。而且我都这把年纪了，还有男人真心对我吗？小曾，你不懂，女人在社会上混，靠的是美貌和青春，我已经年过四十，青春没了，美貌也早就打折。女人上了年纪，就像一件旧衣服，失去了观赏价值，除了守住自己的一份工作，她还有什么幸福可言？

她的一番感慨让我沉默不语。当一个女人在婚姻的旅途中屡闯红灯，是否意味着她已远离幸福？

这让我想起了三次荣获奥斯卡影后桂冠，却也经历了三次失败婚姻的英格丽·褒曼。

英格丽·褒曼早年曾经说过这样一句话：我希望能有一位风度优雅的绅士远远地痴恋我一生。说这句话的时候，她的姿态宛如一个情窦初开的少女，羞涩、天真，对未来充满了好奇和憧憬。虽是无心之语，却被多事的记者如获至宝般搬上了报章的头条。然而，命运始终在捉弄着褒曼，这位银幕上总是和翩翩绅士白马王子喜结良缘的标准淑女，生活中却饱尝爱情的苦果，三次婚姻均以失败告终！

熟悉褒曼的影迷都知道，出生在瑞典的褒曼很早就下嫁给了一位英俊的牙医，她远涉重洋去好莱坞寻梦的时候已经是两个孩子的母亲。35岁那年，在好莱坞演艺事业如日中天的她，被一部名叫《罗马，不设防的城市》的意大利新现实主义电影所深深打动。之后，她不惜抛夫弃子投入这部影片的导演、新现实主义大师罗西里尼的怀抱。为此，她变成众人眼中的"坏女人"，遭到好莱坞的封杀、一直热爱她的美国观众的误解。40岁时，她和罗西里尼感情破裂，离开一对刚刚出生的双胞胎女儿，重新回到好莱坞，以一部《真假公主》获得了美国观众的谅解，也使褒曼在奥斯卡影后的角逐中梅开二度。与此同时，她又在一个摄影师那里收获了第三段婚姻。可惜，没完没了的拍戏生涯使这段黄昏恋最终还是划上了令人痛心的句号……

但英格丽·褒曼不愧是英格丽·褒曼。当第一段人人羡慕的"金童玉女"童话般的婚姻因性格的反差而濒于死亡时，她会真诚地向对方提出分手；当第二次震惊世界、历经坎坷，最后获得"郎才女貌"评价的神话般的爱情因缘尽而触礁时，她也没有痛不欲生从此沉沦；当第三次平和温暖的"两情相悦"式的爱情因聚少离多而渐行渐远时，她只是淡淡地微笑……

可以说，英格丽·褒曼的一生，经历了人世的艰难坎坷。晚年，一个电影专栏作家访问她，问她是不是一个幸福的人，褒曼笑着说："我们不能期望一个人时时刻刻都很幸福，否则他就是一个怪物，而不是真正的人了。我对幸福和不幸福的事情同样欣赏。因为一个人如果没有吃过苦头，他就不会了解别人所受的苦，就不会耐心地容忍别人。更重要的是，如果一个人只有幸福，那他就不会懂得什么叫幸福。只有尝过悲哀的人才能真正体会到幸福的甜美！"作家后来回忆说，在采访褒曼的三个小时中，她始终面带甜美的微笑，在她那日渐衰老的脸上，看不出一丝对生活的不满，对往昔的怨恨，有的只是一种淡然，一种豁达。一年后，这个坚强的女人又雍容大度地站在了奥斯卡颁奖典礼上，第三次捧走了小金人。那年，她 59 岁。

这就是一个历尽沧桑的女人的幸福观。难怪小时候我看《大众电影》上刊载过一篇怀念她的文章，作者饱含深情地写道："我喜欢褒曼，是喜欢她历经沧桑之后的美丽。"当时我不懂，沧桑之后只剩下苍老，怎么还会有美丽呢？如今读到褒曼这段话，我算真正懂了。

一个女人对幸福的追求如此锲而不舍，这何尝不是一种幸福呢？我想告诉那位大姐，褒曼六十多岁的时候错失第三段婚姻，她

依然像一朵风雪中的梅花一样傲然挺立，笑对人生。你刚刚年过四十，漫长的人生路只走完了一半，为什么这么早就对寻找真爱追求幸福失去信心了呢？

做"狐狸精"还是"白骨精"？这是一个问题

前不久在网上看到一则笑话，幼儿园里，老师要小朋友逐一回答自己最喜爱的动物是什么，有小狗、猫咪、金鱼、斑马……突然，一个小男孩大声说："狐狸精！"老师瞠目结舌，忙问为什么，男孩稚气的声音中满是得意，"我妈妈说过，男人都是喜欢狐狸精的！"

真是童言无忌！小男孩不经意的一句话道出了多少中国男人心里潜藏的"狐狸精情结"。最近重看《聊斋》，终于明白了狐狸精的故事为什么广为流传，深入人心。原来，书中那一个个眼波流转姿态曼妙的"狐仙"简直就是中国古代书生，更准确地说，是中国男人心目中的梦中情人！

有人说中国男人喜欢狐狸精，主要是喜欢其散发的性感气韵——狐媚。具体说来，应该是三个字：娇、柔、嗔。是转身之后的袖风，是顾盼之间的一瞥，是嗅花之前的叹息，是沐浴之中的迷雾……曾经有好事者问蔡澜（香港著名编剧专栏作家）：羊肉那么骚，你吃它干啥？蔡澜答：羊肉不骚，女人不娇，有啥意思？

这话说得可谓入木三分。当正派女人都在嘴上痛骂妖媚的"狐狸精"祸国殃民的时候，绝大多数中国男人却在心底期待着一场与"狐狸精"的艳遇，纵使死在她们的石榴裙下，我想许多男人也会面不改色心不跳的，正所谓"牡丹花下死，做鬼也风流"。

　　到了《聊斋》，堪称"狐狸精"蓝颜知己的落魄文人蒲松龄更是将她们的优点发扬光大：一颦一笑透露着风情，举手投足充满着暧昧不说，还从不居美自傲爱慕虚荣，反倒甘当贤内助，而且危难之处显身手，关键时刻挺身而出，力挽狂澜，时不时上演一出让普天下男人感激涕零的"美女救书生"的好戏。试问这样集美貌、聪慧、温柔、贤淑于一体的"狐狸精"，哪个男人不五迷三道神魂颠倒朝思暮想乐此不疲？到了21世纪的今天，当她们纷纷以恋人、情人、网友的各种身份飘然而至的时候，中国男人则犹如春日里邂逅了一场杏花雨，那份欣喜那份缠绵，自是妙不可言。

　　有趣的是，当中国男人都在梦中幻想着和"狐狸精"春宵苦短的时候，很多大家闺秀都市丽人却拒绝成为男人的附庸，拒绝扮演"狐狸精"的角色，甚至拒绝当"三转女人"（围着老公转，围着小孩转，围着锅台转）。为了追求经济上的独立自主和人格上的完整自由，她们在职场上都把自己修炼成了百毒不侵的"白骨精"（白领、骨干、精英，简称"白骨精"）。

　　我认识一个在外企工作的"白骨精"，年轻时候也算天生丽质，具备"狐狸精"的潜质，可自强自立的她拒绝男人的施舍，一直以来自力更生，艰苦奋斗，以阿信为目标，以居里夫人为榜样。慢慢地，她身上的"白骨精"气质越发突出，当公司业绩蒸蒸日上的时

候，她身边的男性追求者却变得门可罗雀。有一次她跟我开玩笑："刚上班那会儿有大款追我，我是既没贼心也没贼胆，当然不敢上'贼船'了。现在什么风浪都经历了，倒是有贼心也有贼胆了，可'贼'却没了。"玩笑过后，我看到的是三十好几的她眼角流露出的落寞。末了，一句哈姆雷特式的经典语从她口中吐出："做'狐狸精'还是做'白骨精'？这是一个问题！"

我理解她的两难：做"狐狸精"吧，魅惑了男人却遭其他女人的鄙夷，有了得意的笑容却失去了人格的自尊；做"白骨精"吧，拒绝撒娇卖乖拒绝小鸟依人，赢得了事业赢得了自尊却远离了男人失去了爱情。两相权衡，这得与失，喜和悲，究竟孰轻孰重？

也许，对女人来说，这的确是一个问题。

极品女人：在外当"白骨精"，回家做"狐狸精"

五百年前，一个叫哈姆雷特的丹麦王子站在英国伟大的戏剧家莎士比亚为他搭建的城堡上发出如斯感慨："生存还是毁灭，这是一个问题！"五百年后，不少集智慧和美貌于一身的中国职业女性也在繁忙的工作之余纷纷作哈姆雷特状：

"做'白骨精'还是做'狐狸精'？这同样是一个问题！"

这里所说的"白骨精"早已不是西天路上那个一心想吃唐僧肉的千年女妖，"狐狸精"也不再是红颜祸水祸国殃民的蛇蝎美人。在新时代下，她们都被赋予了全新的涵义："白骨精"是白领、骨干、精英的代名词，专指巾帼不让须眉的"三高女性"——高学历、高收入、高素质；"狐狸精"呢，则是婀娜多姿妩媚多情让男人一见就两眼放光的温柔小女子。前者是男人职场上的合作伙伴竞争对手，后者则甘当男人职场外的"贴身小棉袄"。一个让男人身心疲惫倍感压力，一个却给男人带来无限的遐想、无上的关怀。

当"狐狸精"和身边的男人眼波流转、眉目传情甚至不费吹灰

之力就把人家老公抢过来的时候，"财貌双全"的"白骨精"却沦为了"单身公害"，这是不是一种资源浪费？对自强自立的"白骨精"来说，这又是不是一种不公平？

有人说，白骨精和狐狸精，就跟曹操和刘备，国民党和共产党一样，是命中注定的天敌，是无法化解的冤家，可是刘皇叔都曾经和曹丞相同舟共济，国民党和共产党还进行了两次合作，白骨精和狐狸精，难道就不能和平共处，甚至合二为一吗？

记得小时候读《红楼梦》，就听说过红学界有所谓的"黛钗合一"论。当时还不免感到奇怪：林黛玉和薛宝钗，外表是大相径庭，性格也泾渭分明，人生理想更是大异其趣，怎么合一？后来渐渐明白，弱柳扶风飘然出世的林黛玉和丰满圆润积极入世的薛宝钗不就等于一个理想女性的"双面人生"吗？

一块硬币都有两面，何况是人？

热恋着男人的时候，女人是水，她像水一样温柔，她像水一样澎湃，无孔不入，好想注满男人的每一个毛孔；当一个女人在职场上拼杀的时候，她就变成了风，风风火火风雨兼程，有风卷残云般的干练，也有秋风扫落叶似的强悍。有人说，"狐狸精"追求的是"死了都要爱"，"白骨精"信奉的是"爱拼才会赢"，可当一个"白骨精"坠入情网的时候，她是不是也会变得柔情似水，也会产生去当一回"狐狸精"的冲动？

前两天在网上看到一篇文章，很有意思。文章说：在现实生活中"白骨精"并不多，"狐狸精"也并非遍地都是，我们大多数人则居于"岛中央"。向左转是"白骨精"，向右转是"狐狸精"。而身在"左岸"，事业亨通人情练达的"白骨精"，往往渴望拥有"狐

狸精"的迷人魅力；身在"右岸"，爱情多汁家庭美满的"狐狸精"，又何尝不希望自己在事业的大道上同样畅通无阻一帆风顺？

说得好！

真正成功的女人不光是在职场上做一个享受工作乐趣、让男人另眼相看的"白骨精"，也应该在家里做一个体味生活情趣、让丈夫魂牵梦萦的"狐狸精"。比如，能不能给"白骨精"上点"狐狸精"的色彩？让"狐狸精"也学点"白骨精"的精神？做事业就做个响当当的职业女性，回到家里则学会放低身价，当个依偎在丈夫身边的小女人？

前面提到，最近做节目我接触了一些"白骨精"，她们大都看上去笑容可掬和蔼可亲，而且通情达理风趣幽默，跟我印象中"无睡眠、无笑容、无心肝"的"三无冷血女人"全然不同，一问才知道，原来这群"白骨精"都很善变，在外气宇轩昂指点江山，一进家门立马作贤妻良母状，作温柔妇人状，作妖媚多情状……

正所谓打左灯向右转，外表是"白骨精"，内里是"狐狸精"；在职场上做"白骨精"，情场上做"狐狸精"；在外做"白骨精"，回家做"狐狸精"；白天当"白骨精"，晚上当"狐狸精"；卧室里是"狐狸精"，走出卧室是"白骨精"……

很欣赏张小娴的一句话："当我知道有一个男人可以让我随时依靠，我会更努力地靠自己。"

靠自己，也靠男人，做自己的主，也学会让身边的男人做主，这样的女人，相信无论在职场上还是情场上都会无往而不利！

男人不说，女人不懂

He keeps words, she keeps puzzle

The Publishing
Forword
后记

●●● 曾子航

这是我的首部两性情感专著。

本书中收录的绝大部分文章是首次公开发表。有几篇在我的新浪博客和腾讯博客中登载过，其中《顽固不化的"处女情结"》《一夫一妻制实际上保护的是男人》《每个男人心中都有一个"狐狸精"》在博客中发表以后影响很大，也引起很多争议。在收入本书时，在观点和论据方面我又作了一定程度的修改和补充。还有一些文章因篇幅原因，没能收录在本书中，只能在下一部书中与读者见面了。

我没有学过心理学，也没有任何心理咨询方面的从业经历，写这本书纯粹出于兴趣。在写书的过程中也参考了很多名人名作，其中日本著名情爱小说家渡边淳一的两本专门研究男性心理的著作《男人这东西》《丈夫这东西》，林语堂的代表作《吾国与吾民》，易中天的《中国的男人和女人》，以及柏杨、张小娴的散文给了我很多启迪，对我帮助很大。在书里，我也多次引用他们的名言。我深知，每一个人所获得的哪怕只是一点点的真知灼见，都是建立在前人丰硕的研究成果之上的。在这里，对上述各位知名作家深表谢意！

我首先要感谢南海出版公司和深圳市金版文化发展有限公司，没有他们的慧眼发掘和热情鼓励，没有他们出色的策划、编辑和积极推广，我这本书不会面世。在此特别感谢陈正云、周诗鸿和朱凌琳三位编辑，他们为这本书的出版可谓呕心沥血；感谢金版文化发行总经理黄蓓女士，发行经理唐海燕、郭梦华女士，感谢这个优秀的发行团队为本

书营销工作所做的不懈努力！

我还要感谢我情感节目的搭档、女作家赵凝女士，著名影评人周黎明先生，《北京晚报》的记者、出版人孙红女士，山东人民出版社的资深编辑刘永平女士，中信出版社的营销经理张源源和时尚编辑部主编符红霞女士，腾讯网的王楠女士，资深图书设计师蒋宏先生，出版人李亚平女士，心理学专家毕金仪女士和舒唱女士，感谢你们在这本书的筹划和写作出版过程中提出的各种良好建议和热忱帮助。

我还要感谢新浪网的副总编辑侯小强先生，以及负责我博客推广的两位编辑吴赫和晁夕先生，没有他们大力的推荐，我的新浪博客不可能在短时间内获得千万点击率，引起这么多人的关注。

我还要感谢北京电视台《情感部落格》节目的制片人、主持人和编导们，半年来一直邀请我作为这个节目的常任嘉宾。通过这个节目，使我接触了大量的相关案例，对两性情感问题也有了深入的了解。书中的不少例子，就是来源于这个相当受欢迎的情感节目中的当事人的真实经历。

感谢辰辰造型和化妆师李俊及助理郭培峰，为配合我这本新书面世，特意拍摄了一组精美的照片。在这里，也特别鸣谢北京瑞士公寓和DARA LOFT（798店）提供场地。

感谢谭飞和刘邦两个好哥儿们，对我这次"转型"给予了积极的肯定和不懈的支持。作为圈里知名的策划高手，他们为这本书的宣传和定位也提供了很多有价值的建议。

最后感谢我的家人和我的朋友田卉群，多年来在事业上一直默默支持我，在生活中始终关心我，在这本书的筹备和写作过程中，也提出了很多宝贵意见。

要感谢的朋友实在太多，由于篇幅，就不一一致谢了。我深知，写好一本书不容易，它需要方方面面的支持和配合。如果这本书，您在闲暇之余看了还觉得有所帮助、有所启迪，我就心满意足了。

总之，有您的一份支持，这本书就会获得一份成功，我心里就始终存着一份感谢。

感谢大家！

感谢生活！

Fans' Comments

"粽子"酷评

支持你写的文章！一直以小四、安妮宝贝为欣赏准则的我，也被你清新透彻的文字打动了！我很难想象，一个处在而立之年的男人竟然会有这么细腻的情感，把两性情感的文章描写得那么美妙，引人入胜！我会一直关注你的！！！

……学绘□guai

在庞大的网络世界中行走，不知怎么就闯入了你的空间。你真是个帅才，你的文章真的不错，我不枉此行……我祝你在今后的路上一帆风顺，写出更好的作品，有我们这么多的网友为你打气，你一定最棒！

……夏天

偶然间看了您写的关于男女情感的文章，觉得观点很独到，佩服佩服！有时候真想叫您帮我参谋一下呢。可惜您太忙了！

……找钥匙/cy

看过的文章不少，最喜欢的却是你的。希望能看到你更多更好的作品！

……寂寞风情

子航哥哥除了人长得帅以外，文笔还那么好，难得啊！而且真没想到你会那么诚恳地对待网友。预祝你第一本两性情感专著《男人不说，女人不懂》发行圆满成功。如果在深圳，我一定去捧场。

……可乐

你是著名的主持人，一定过着幸福而又悠闲的生活。但是你却不能解释任何人的痛苦，那种不能扑灭的痛苦，真的是无法停止的痛苦……

……天堂的眼泪

一次偶然的机会，欣赏到你的文章，也看了许多你的节目，给人一种谜的感觉，若是说谜底我揭露不了，只有用心去体味了……祝你工作顺心！   ……Alina

您的日志，今天晚上我一口气全看完了，好真实的，就像我每个月都要看《海外知音》一样。

……中国模特

什么都好
就是长得太帅
我很妒忌 后果很严重   ……你说

我很少看电视，但是看过你的文章，感触很深，真的挺棒的。支持你喽～～   ……蝴蝶挂坠

很偶然的机会，不知道怎么，我闯进了你的空间。我拜读了你的文章，很受震动。我请求加你为好友，我不知道像我这样的小人物会不会得到你的垂青，但我知道生命需要摆渡。我把你加为好友，注明是"生命的摆渡者"。我一直守候在生命的渡口，等着你……   ……天涯月色

初读你的文字时，还以为你是个成熟的老男人哪。看了照片大吃一惊：原来是帅哥呀！呵呵，才知道原来工作了的大人也会写文章哦。好好写下去吧。祝你幸福！   ……妹妹

我没有崇拜过几个人，但我被你的文笔所震撼，你是个不可多得的人才，相信你以后会更红的！   ……我的我要

的确有专家水准，转载了些经典词句回去研究……   ……XIU XING

您写的大多都是现实生活中的真实现象！感觉你对社会现象看得很透，眼光很独特，同时文笔很犀利，一针见血，佩服～～！！   ……心我不哭

男人与女人，永恒的话题。而真正洞悉男人与女人之间关系的人，是真正的智者。   ……亚歌

＊以上为新浪网站、腾讯网站中曾子航粉丝"粽子"们的部分留言和评论。

图书在版编目（CIP）数据

男人不说，女人不懂 / 曾子航著.—海口：南海出版公司，2008.4
ISBN 978-7-5442-3978-3

Ⅰ.男… Ⅱ.曾… Ⅲ.①恋爱—通俗读物②婚姻—通俗读物 Ⅳ.C913.1-3

中国版本图书馆CIP数据核字（2007）第203406号

NANREN BU SHUO，NÜREN BU DONG
男 人 不 说 ， 女 人 不 懂

作　　者　曾子航
策　　划　深圳市金版文化发展有限公司
责任编辑　陈正云　周诗鸿
封面设计　闵智玺
出　　版　南海出版公司　　　　电话（0898）66568511
社　　址　海南省海口市海秀中路51号星华大厦五楼　　　邮编　570206
电子信箱　nanhaicbgs@yahoo.com.cn
经　　销　新华书店
印　　刷　深圳市鹰达印刷包装有限公司
开　　本　889mm×1194mm　　　1/32
印　　张　7.5
版　　次　2008年4月第1版　　　2008年4月第1次印刷
书　　号　ISBN 978-7-5442-3978-3
定　　价　25.00元